MISSION

APOSTOLIQUE

A

MADAGASCAR

1890-1900.

LA LORRAINE
AU PAYS BETSILÉO

Société de Saint-Augustin,

DESCLÉE, DE BROUWER ET Cie

PARIS, 30, RUE ST-SULPICE. | LILLE, 41, RUE DU METZ.

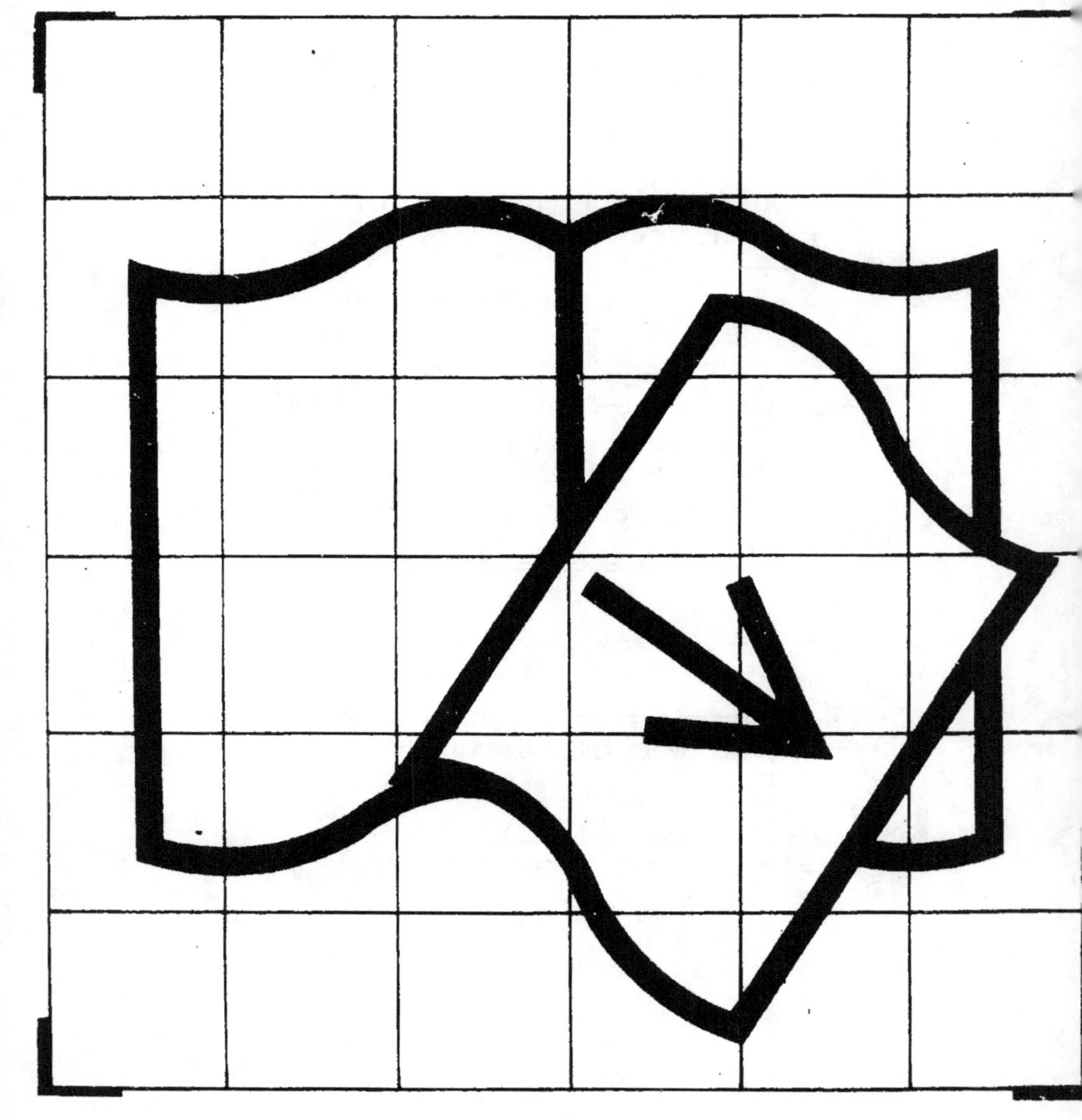

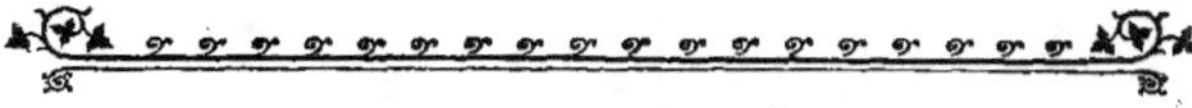

TABLE DES MATIÈRES.

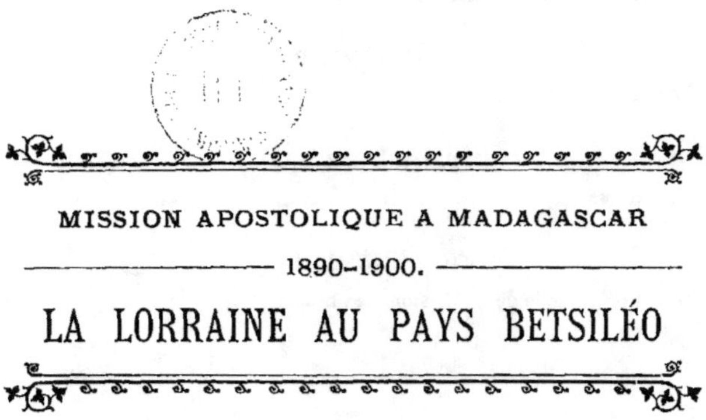
MISSION APOSTOLIQUE A MADAGASCAR
1890-1900.
LA LORRAINE AU PAYS BETSILÉO

SANCTUAIRE DU SACRÉ-CŒUR, BERCEAU DE LA MISSION LORRAINE.
HABITATION DU PÈRE. ÉCOLES.

LA LORRAINE
AU PAYS BETSILÉO

Société de Saint-Augustin,

DESCLÉE, DE BROUWER ET Cᴵᴱ

PARIS, 30, RUE ST-SULPICE. | LILLE, 41, RUE DU METZ.

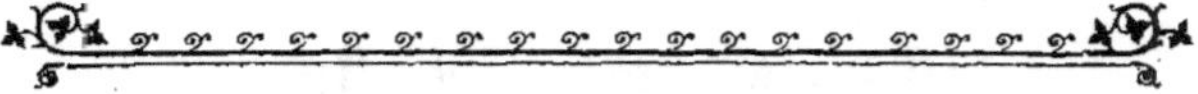

Appel de la **Lorraine** malgache française, de la Mission des Betsiléos,

à sa sœur, la **Lorraine** d'Europe.

La Lorraine Malgache ! Pourquoi ce titre ? Quel rapport y a-t-il entre ce coin de Madagascar, appelé Province du Betsiléo, et la vaillante et religieuse Lorraine ? Dans quel but un appel aux chrétiens de la « double » Lorraine d'Europe ?

C'est que celle-ci, dans son deuil et sa désolation, a gardé sa foi, toujours vivace et généreuse ; dans sa foi, elle a conçu l'inspiration, dans sa générosité, elle a trouvé le moyen, malgré sa misère, de fonder un centre chrétien dans un des districts sauvages de la grande île conquise, et presque aussi grand qu'elle, comme si elle voulait recouvrer, dans la nouvelle France, ce qui lui a été ravi de la mère Patrie.

LA LORRAINE AU PAYS BETSILÉO

PREMIÈRE PARTIE

FONDATION DE LA MISSION

L y a une dizaine d'années, le vénérable Vicaire apostolique de Madagascar, Mgr Cazet, par la voix de ses missionnaires, exprimait son regret de se trouver dans la triste nécessité, faute des ressources indispensables, de refuser aux indigènes, déjà attirés vers la foi chrétienne, le missionnaire et l'église qu'ils demandaient avec une touchante insistance. Émus avec leur digne Évêque, et, comme lui, désireux de satisfaire ces cœurs avides de la vraie Foi, des missionnaires sollicitèrent du secours. Ils ne demandaient que 200 francs pour l'érection de l'église — station d'une Mission !...

C'est en Lorraine que leurs prières trouvèrent un premier écho.

Touchée de leur appel, une personne du pays de Bitche y répondit par l'envoi de la somme indiquée, en exprimant le désir que le modeste sanctuaire fût dédié au Sacré-Cœur de Jésus.

Mais si noblesse oblige, titre et souveraineté obligent encore davantage. Au Cœur du divin Roi pouvait-on dédier un temple de 200 francs, fût-ce même au milieu d'un désert et parmi des sauvages ? A cette Majesté suprême, il était nécessaire de consacrer une véritable église qui serait érigée au centre de la

Mission. Ainsi jugèrent, ainsi décrétèrent les Supérieurs ecclésiastiques. Cette décision ne pouvait être accueillie qu'avec joie et reconnaissance par les vaillants apôtres ; c'était encourager leur zèle, leur promettre des secours dont ils sentaient le besoin, ainsi qu'en témoigne une lettre adressée à Bitche quelque temps après : « Le sanctuaire du Sacré-Cœur, écrivait-
» on, pourrait être élevé dans le district Betsiléo, à Ambohi-
» mahasoa, ville en construction, siège du gouverneur, marché
» considérable, et avec déjà deux temples luthériens... mais
» les 200 francs, en ce cas, devraient être plus que triplés !... »

Comptant sur la Providence et sur la foi généreuse de la population si religieuse de son pays, la bienfaitrice s'engagea à recueillir les fonds nécessaires, et encouragea l'Œuvre de la fondation de l'église du Sacré-Cœur, la première sur la terre malgache.

On était au milieu de l'année 1890.

Voici ce que dès janvier 1891 notifiait le Père chargé de diriger l'Œuvre et de la mener à bonne fin :

« ... L'église est terminée. C'est le cas de dire que DIEU a
» travaillé avec nous ; en six mois, un aqueduc de 8 kilomètres,
» 80 mille briques, un four à tuiles et 20 mille tuiles, une gen-
» tille église, quatre logements pour le Père, les maîtres d'école,
» l'inspecteur etc... Et dans quel pays ! avec quels ouvriers !
» ...Que de fois le missionnaire a été obligé de mettre lui-
» même la main à l'œuvre, de saisir le marteau, la truelle ou la
» scie ! Que de fois, la main pleine de mortier, il descendait
» pour aller donner une absolution, administrer un baptême,
» et puis remontait sur les échafaudages ! Votre église, chers
» bienfaiteurs, est, dit-on, la plus belle de Madagascar, après
» la cathédrale de Tananarive et celle de Fianarantsoa ¹. Mais
» ainsi que je vous le disais, les frais dépassent de beau-
» coup les 200 francs. Déjà 1.000 francs ont été employés, et
» il en faudrait 1.000 encore pour les constructions d'écoles et

---

1. Capitale du Betsiléo.

» autres logements ; je frappe à toutes les portes pour qu'on
» nous vienne en aide. Grâce à DIEU et aux âmes généreuses,
» nous les trouverons, ces 2.000 francs. »

Ils furent trouvés en effet dans l'inépuisable charité chrétienne, dans le dévouement héroïque de quelques personnes
plus généreuses que riches, qui surent prélever sur leur nécessaire pour contribuer à la glorification du divin Cœur de JÉSUS
en ces contrées où Il devait bientôt régner.

Et non seulement le sanctuaire fut élevé du prix des sacrifices de la Lorraine — annexée — mais tout son aménagement
intérieur, les objets du culte, les vases sacrés, les ornements, le
linge sortirent de la même source. Une condition toutefois fut
posée par les bienfaiteurs. Pour perpétuer le souvenir de leurs
intentions et de la Lorraine, ils demandèrent que le sanctuaire
fût érigé définitivement sous le vocable : *Église lorraine du
Sacré-Cœur*. Le consentement fut donné ; la Mission lorraine
était fondée.

En présence de la lutte ardente que nos Missions ont à
soutenir contre leurs concurrrentes de la religion de Luther
sur cette nouvelle terre française, — destinée par le fait à être
catholique, — il est utile de faire connaître aux personnes qui
s'intéressent aux œuvres de la propagation de la Foi, les
débuts, l'établissement définitif et la prospérité de ce nouvel
apostolat lorrain. Pour conserver au récit toute son originalité
et tout son intérêt, nous avons cru devoir reproduire les nombreuses lettres que l'intrépide apôtre adressait à ses protecteurs. Il s'en dégage un enthousiasme, une foi sereine et une
confiance en DIEU qui se communiquent naturellement aux
âmes pieuses et charitables, dont le généreux concours est dès
lors assuré à une œuvre qui, par ses admirables résultats,
atteste la toute-puissante protection du divin Cœur.

Dans la lettre déjà citée de janvier 1891, nous trouvons le
résumé de la cérémonie de la première messe.

« …Vous ne serez pas avertis pour la première messe ; elle
» a été célébrée la nuit même de Noël. C'était une très belle

» fête ; tous nos chrétiens des autres postes étaient réunis.
» Quatre-vingts ont reçu la Sainte Communion. Le comman-
» dant, le gouverneur, païens et protestants y assistaient. Les
» instruments malgaches, fifres et valiha — gros bambou dont
» l'écorce soulevée forme des touches comme celles de la
» guitare — accompagnaient les chants.

» Le divin Enfant de la crèche reposait sur des feuilles
» d'arbres tropicaux de 4 à 5 mètres. Ces mêmes feuilles,
» réunies deux à deux, formaient de rustiques arcs de triomphe
» au-dehors de l'église. Cette première fête fit un grand effet
» sur la population, mais nous en aurons une plus belle à la
» bénédiction de l'église. »

Citons-en ici le compte-rendu du 12 juin 1891 : « Votre fête
» fut splendide ! C'était le jour de l'Ascension. Plusieurs Pères
» présidaient. Le gouverneur avec tous ses officiers, Marcel,
» officier supérieur, venu de la capitale, tous les chefs Betsiléos
» du pays, descendants des anciens rois, et une foule immense y
» prenaient part. La fanfare de Fianarantsoa y était venue pour
» la circonstance ; quatorze catéchumènes reçurent le baptême,
» etc... »

Les bienfaiteurs, stimulés par ces premiers succès, multiplient
leurs dons pieux. La réception de leurs envois fait éclater des
transports d'enthousiasme dont l'écho arrive jusqu'aux amis de
France et de Lorraine.

C'est d'abord l'arrivée de la lampe du sanctuaire, qui nous
vaut la lettre du 21 janvier 1892. « Pour la fête de Noël,
» joyeuse surprise ! Avec du papier et des feuillages de la forêt,
» nous avions construit une crèche, la plus originale que j'aie
» vue de ma vie. Tout y était : la ville, la grotte, JÉSUS, Marie,
» Joseph, l'âne, le bœuf,... mais les étoiles ?... Absentes... Tout
» à coup un exprès extraordinaire arrive de Fianarantsoa, le
» 24 décembre, à six heures du soir. Il porte... devinez !...
» Votre lampe qui, après des péripéties de voyage inouïes,
» venait briller devant notre crèche, juste la nuit de Noël...
» comme l'étoile !. »

A la date du 11 mai, la joie est débordante : « Aujourd'hui
» ce n'est pas une lettre, c'est un reçu, et quel reçu ! Il faudrait
» quatre pages pour tout énumérer ! Belles chasubles, bannière
» du Sacré-Cœur faite, dites-vous, par des campagnardes ; tous
» les Pères réunis à Fianarantsoa me l'envient. Et les robes
» d'enfants, les surplis, le voile de tabernacle, le calice, frère de
» notre délicieux ciboire ! Et la statue donc ! — une bienfai-
» trice avait envoyé une grande statue du Sacré-Cœur. — Elle
» est montée de Tamatave chez nous sur le dos de six hommes.
» Enfin nous la possédons ! Déjà, sur le frontispice du clocher,
» son piédestal est préparé. Nous attendons une grande fête,
» peut-être la grandissime fête patronale du Sacré-Cœur, pour
» convier tout le pays à l'intronisation du Cœur du divin Roi.
» Du clocher qui domine vingt villages, entre la forêt et la
» plaine, et qui regarde le marché, où tous les samedis accou-
» rent des multitudes de sauvages, qui n'ont pas encore entendu
» parler du Dieu d'amour, Notre-Seigneur fera voir son Cœur
» et bénira ses chers Betsiléos de la forêt. »
Et le 29 juin déjà suit le récit de la « grandissime fête…
» Tous nos chrétiens ont voulu assister à l'érection de la
» magnifique statue du Sacré-Cœur ; ceux du plus éloigné de
» mes postes — à une journée de marche et deux rivières à
» traverser — sont arrivés malgré la fièvre ; des enfants de
» huit ans ont fait 60 kilomètres pour prendre part à la fête.
» Tout l'emplacement était couvert de verdure ; de gigantes-
» ques palmes, des oriflammes, vos tentures blanches et rouges
» formaient dôme au-dessus de la statue…
» A 9 heures du matin, pour commencer la fête, je conférai
» le baptême à 42 adultes. Onze heures étaient passées, quand
» je montai à l'autel pour la messe. Le Père M*** vint me
» rejoindre pour présider la procession. La statue était couverte
» dans le chœur. Quand on la découvrit, ce fut, dans l'immense
» assemblée, une émotion indescriptible. Tous les hommes se
» précipitaient, se disputant l'honneur de la porter. Cet honneur
» était réservé aux huit principaux chefs de la prière. Venaient

» après eux le Père M*** en chape, puis les officiers chrétiens.
» Pour conserver à la cérémonie son caractère religieux, je
» refusai d'inviter le gouverneur et les chefs protestants, dési-
» reux d'y prendre part.

   » Avant de monter la statue sur son trône, en haut du clo-
» cher, Jean, le vénérable chef de la prière, harangua la foule ;
» et quand elle parut en haut, comme mus par un ressort,
» d'une seule voix nos chrétiens entonnèrent :

> Any Jeso tenako rehetra
> Any Jeso ny tena ny ti Azy.
>
> — A JÉSUS tout mon être,
> A JÉSUS tout mon amour :
>   Vive JÉSUS !

» Après cela, rentrée au sanctuaire. A la bénédiction solen-
» nelle du Saint Sacrement, devant la foule qui remplissait
» l'église, la sacristie et la cour de l'emplacement, nous nous
» consacrâmes tous au divin Cœur. Après les oraisons, au
» moment où le Saint Sacrement va bénir le peuple, l'officiant
» a l'habitude de dire : « Mes Frères, prions pour la Reine, »
» je changeai un peu la formule pour dire : « Vous allez réunir
» dans vos prières votre auguste Reine de Madagascar et votre
» Mère la Lorraine d'au-delà l'Océan, la Mère de cette chré-
» tienté naissante, de votre belle église qui vous a enfantés à
» la grâce, qui vous a envoyé ce calice, ces ornements, cette
» bannière, et enfin surtout votre statue du Sacré-Cœur, la
» plus belle qui existe à Madagascar. »

Les premiers vendredis du mois, consacrés à honorer spécialement le divin Cœur, sont aimés et sanctifiés à Ambohimahasoa
C'est toujours grande fête, réunion des fidèles des quatre coins
du district, sanctuaire comble ce jour-là. Celui de décembre de
cette même année 1892 dépassa tous les autres et « fit époque ».
« Il clôture, écrit alors le Père, la retraite que font en ce
» moment 50 de nos fidèles : non pas une retraite à l'eau de
» rose, mais une vraie, de quatre jours, dans le silence absolu.

» Quinze maîtres d'école avec leurs femmes, même celles qui
» allaitent leurs petits enfants, suivent ponctuellement le règle-
» ment. En les voyant défiler avec leurs grands lambas blancs,
» vous les croiriez moines d'un couvent de la plus stricte
» observance.

» J'aurais voulu donner des appartements et des mets parti-
» culiers à la noble famille de Jean Andrianaivo, fils de l'ancien
» gouverneur de Tamatave et lui-même grand officier. « Non,
» mon Père, me dit-il, à la retraite comme au ciel, nous sommes
» tous égaux, moi, ma femme, ma mère, mes enfants, mes
» frères ; pendant ces cinq jours bénis, nous ne voulons rece-
» voir que l'écuelle de riz distribuée aux retraitants et nous
» dormirons au dortoir commun, sur la simple natte de vos
» maîtres d'école. »

» La belle fête donc aujourd'hui ! pas de tapage, beaucoup
» de monde, et grand recueillement. Dès 4 heures du matin,
» première messe. A 7 heures, messe du prédicateur de la
» retraite, avec 80 communions ; chaude allocution. Jean fit la
» consécration ; il était si ému qu'il ne pouvait plus lire. Après
» la cérémonie. saintes agapes en commun avec une simple
» natte étendue à terre. Menu : un peu de riz avec quelques
» herbes, et un bout de viande. Oh ! la douce effusion après
» cinq jours de silence ! »

Toute œuvre destinée à établir le règne du Seigneur sur les
ruines du royaume de Satan ne progresse, ne s'affermit que par
l'épreuve et ne demeure qu'appuyée sur la croix. La Mission
lorraine du Sacré-Cœur devait subir la loi commune et y puiser
sa force, son ressort, sa vitalité. Après les petites épreuves du
début viennent la persécution, la maladie, la guerre, une situation presque désespérée. Mais toujours le secours est là avec
l'épreuve, car le Sacré-Cœur veille !

C'est d'abord la lutte et la persécution. « Un de mes chefs,
» mal marié, voyant que je refusais d'approuver son concubi-
» nage, écrit le Père en février 1893, a apostasié et forcé ses
» 8 enfants, dont plusieurs étaient élèves des Sœurs de Fiana-

» rantsoa, à le suivre chez les Luthériens. Il cherchait même
» à y entraîner la plupart de mes chrétiens qu'il avait lui-
» même convertis à la vraie religion. Il a été jusqu'à offrir
» 100 francs — somme énorme pour le pays — au chef Betsiléo
» d'Amboasary pour bâtir un temple en face d'un de nos postes
» les plus florissants. Heureusement il en a été pour ses frais.
» Voyant cet acharnement, j'ai essayé de lui rendre la monnaie
» de sa pièce, et, secrètement, nous avons préparé les maté-
» riaux d'une chapelle nouvelle dans un de nos plus importants
» villages, aux portes de notre Ambohimahasoa, leur unique
» forteresse, où les Luthériens ont 150 élèves et nous... pas
» un. En trois jours, nous avons bâti cette chapelle en bois et
» en bambous. Aussitôt le peuple, les chefs et les élèves ont
» déserté le temple et sont venus à nous. Nous y gagnons une
» belle annexe à notre porte, et les Luthériens désorientés
» n'ont plus qu'une poignée d'adhérents, à trois lieues à la
» ronde.
» Pour comble d'infortune pour eux, une affreuse tempête
» qui a sévi, dévastant le pays, vient de leur démolir leurs
» temples ; notre église seule, visiblement protégée par le
» Sacré-Cœur, est restée debout, un peu endommagée, il est
» vrai. »

L'ennemi écarté un instant ne se tient pas pour battu.
L'apostat a juré de se venger et de détruire ce district, dont il
a été le principal fondateur. Pour réaliser son dessein diaboli-
que, l'occasion de l'inspection des écoles par le gouverneur lui
semble propice. Il excite les Luthériens : ceux-ci achètent les
consciences à prix d'argent, corrompent même le gouverneur
et les officiers. Les chrétiens, les maîtres d'école, tous courent
le plus grand danger : le Père doit lutter presque seul contre
les Indépendants et le gouvernement coalisés ; le peuple était
avec lui, mais n'osait résister, crainte du maître. Une femme
fut battue pour avoir exprimé son désir de faire instruire son
fils chez les catholiques. « Mais vive la persécution ! s'écrie
» l'indomptable apôtre. Notre saint Fondateur l'a demandée

» pour nous, et a prédit que par elle seule nos œuvres seraient
» bénies. J'aurais mauvaise grâce de m'en plaindre. A Ambo-
» himahasoa, qui était la fève du gâteau et où se livrait surtout
» la bataille, le divin Cœur protégea encore ses enfants. Malgré
» une pression inouïe et toutes les menées en France pour les
» élections, les Anglais n'eurent que 2 élèves inscrits, les
» Luthériens 5, et nous un total de 68. Dans toute l'étendue
» du district, nous en avons 500 nouveaux, les Anglais autant,
» les Luthériens 300. Si on avait respecté la liberté, nous en
» aurions au moins un millier. »

Ajoutons, pour notre consolation, que la Providence frappa
l'apostat persécuteur, mais le frappa d'un coup de miséricorde.
Au moment où il allait acheter une propriété pour en faire le
centre de la Mission luthérienne, avec la résidence du pasteur
européen, et accomplir peut-être la ruine de la Mission catholique lorraine, il fut atteint d'une fluxion de poitrine, et mourut
le premier jour du mois de Marie, après avoir imploré son
pardon et renié son apostasie. Sa famille aussitôt rentra au
bercail.

Après la persécution, la maladie ; le troupeau est menacé de
perdre son pasteur ! Celui-ci, longtemps épargné par la fièvre,
le fléau de la contrée qui faisait de nombreuses victimes parmi
les catéchistes, les porteurs et les ouvriers, compagnons de ses
courses apostoliques, se sentit atteint à son tour. Mais homme
de devoir à tout prix, et soutenu par une confiance inébranlable en DIEU, il ne voulut pas interrompre les visites de ses
postes pendant le temps pascal. A ses correspondants de
Lorraine, il avoue qu'on lui conseillait surtout de délaisser
momentanément ceux de l'Ouest, spécialement éprouvés par
la contagion... « Les Pâques, dit-il, me font un devoir de ne
» pas abandonner ce pauvre peuple, journellement aux prises
» d'un côté avec la fièvre, de l'autre avec ses ennemis acharnés,
» les Bares. Je visitai donc Alarobia. A mon retour, tout mon
» personnel, comme d'ordinaire, fut d'abord atteint. Puis ce
» fut mon tour. Croyant à une simple indisposition, je me

» hissai tant bien que mal sur mon cheval et me mis néan-
» moins en route pour Amboasary, où j'avais donné rendez-
» vous à plusieurs postes. Sur mon passage, je dus visiter.
» quelques malades, cela m'acheva, et en arrivant au poste,
» incapable d'entendre les confessions, je dus m'étendre sur
» ma natte. Le lendemain, je me traînai à l'autel et eus à
» peine la force de dire la messe. Il fallut, à la hâte, me faire
» transporter chez moi en chaise à porteurs. Ne pouvant
» me soigner désormais moi-même, je m'abandonnai entre les
» mains de mes bons Malgaches, qui, nuit et jour, me prodi-
» guaient leurs soins, mais ne pouvaient empêcher le mal de
» faire des progrès. Croyant ma fin proche, ils envoyèrent
» chercher le Père M..., mon plus proche voisin, et le Frère
» infirmier de la capitale. Ce dernier fit 13 heures de cheval
» sans débrider, chevauchant de nuit avec un misérable fanal
» pour éclairer sa route, à travers des chemins affreux, coupés
» de précipices, de rivières profondes, et souvent au milieu
» d'une forêt des plus difficiles à traverser. Vers 2 heures du
» matin, il fut arrêté par une rivière dont il ne trouva pas le
» gué. Pressé de m'apporter du secours, il laissa sur la rive le
» gardien et le cheval, passa la rivière et arriva à mon chevet
» à 4 heures du matin. Comment voulez-vous qu'on ne s'atta-
» che pas à la vie religieuse et apostolique, quand elle inspire
» de pareils dévouements ! Pendant quinze jours, je restai
» entre la vie et la mort. Mais grâce aux soins du Père et du
» Frère, grâce surtout aux prières de mes chrétiens et de toute
» la Mission, pendant le beau mois de Marie je pus être trans-
» porté à notre résidence de Fianarantsoa. Au sein de la
» Communauté, je me relevai promptement et maintenant on
» y soigne ma convalescence. »

Les épreuves, nous l'avons dit, sont toujours compensées, et largement, par des consolations. Celles-ci reparaissent donc après la tourmente. Ecoutons ce que nous en communique l'intrépide missionnaire, au sortir de cette maladie qui le mit si près de sa fin. « Entièrement rétabli, je n'ai jamais tant

» travaillé. Quatre missions en 3 mois, 65 baptêmes, 25 pre-
» mières Communions, 245 confirmations, qui nous ont valu
» la visite de notre vénéré Vicaire apostolique, Mgr Cazet, en
» tournée dans le district Betsiléo pour administrer la confir-
» mation à 2.000 chrétiens. Cette tournée fut un véritable
» triomphe. A Amboasary, dans une enceinte entourée de 12
» arcs de triomphe, 2.000 personnes l'acclamaient, deux bœufs
» étaient offerts pour le dîner de Sa Grandeur — sans compter
» les autres comestibles.

» Notre poste d'Ambohimahasoa était réservé pour la
» bonne bouche. A quatre heures de chemin, des enfants cou-
» ronnés de fleurs et portant des palmes à la main étaient allés
» à sa rencontre avec le peuple, musique en tête ; 18 chefs
» faisaient escorte à Monseigneur, installé en chaise à porteurs.
» Du haut du balcon, Sa Grandeur a pu adresser la parole à
» 6.000 personnes réunies, qui ont reçu sa bénédiction à
» genoux. Monseigneur nous a dit n'avoir jamais eu pareille
» réception. »

Dans ce double courant d'épreuves et de joies, il est intéressant de suivre l'action de la grâce sur ces peuples de bonne
volonté, et consolant de constater les victoires remportées.
Pour étendre le royaume du CHRIST Rédempteur, l'infatigable
lutteur a des audaces inouïes. Citons, entre autres, quelques-uns
des plus touchants de ces coups de la grâce, secondant
l'énergie de l'apôtre.

En tournée dans le désert, et arrivant un vendredi à Fiadanana, sur la nouvelle route de Tananarive, il apprend que les
Anglais, pour empêcher les parents d'inscrire leurs enfants
comme élèves chez les catholiques, accusent le Père de les
enrôler pour les conduire tous chez lui à Ambohimahasoa. Le
soir même et le lendemain, il réunit ces petits sauvages — les
grands aussi — qui n'avaient jamais vu de missionnaire ni
entendu une prière. Il leur apprend le Notre Père, la Saluta-
tion angélique et quelques cantiques. Le samedi même, il
achète les débris d'une vieille construction, pour en élever

aussitôt la carcasse en bois d'une nouvelle église. Le lendemain dimanche, il invite les chefs, émerveillés de la science si vite acquise des enfants et des parents. Le soir, après la prière, on organise des jeux, des courses, avec couteaux, peignes, bonnets etc..., comme récompenses, — amorce pour aider la grâce. — Mais dès le lundi, persécution à outrance de la part des Anglais ; on frappe, on garrotte les chefs. Le Père proteste énergiquement. Le lendemain, le peuple passe de chez les Anglais chez lui : le poste de Fiadanana était fondé.

Laissons-lui encore la parole pour nous raconter la prise de possession, ou plutôt la reprise et la fondation définitive de Mananjary, sur le bord de la mer, à 6 jours de marche du sanctuaire du Sacré-Cœur, — étendue qui fait du district confié à son zèle une paroisse plus grande que l'Alsace et la Lorraine réunies. — Ce poste avait deux Pères avant la guerre de 1883 ; mais les chrétiens ayant été dispersés par l'invasion, les résidences et les églises renversées par les cyclones, les emplacements volés par les gouverneurs, il restait abandonné.

« ...Tout récemment, écrit le Père au 29 septembre 1893, un
» généreux créole ayant recueilli d'une souscription cent
» piastres pour y bâtir une église, Monseigneur m'y envoya
» avec ordre de la bénir, mais en m'avertissant que je ne trou-
» verais dans ce poste ni chrétiens ni élèves. En effet, plus
» encore que toutes les villes de la côte, Mananjary est une
» Babylone. Européens et créoles vivent dans le concubinage
» comme les indigènes, et sont toujours ivres de rhum. De
» plus, depuis le départ des Pères, un ministre anglais, célèbre
» sur toute la côte par son zèle pour les soirées et valseur sans
» pareil à Mananjary, s'est établi sur une partie de notre
» ancien emplacement, et s'est entendu avec le gouverneur
» qui lui a donné de force 200 élèves en partie catholiques.

» Le diable, qui ne voulait pas être troublé dans ce pays où
» il règne en souverain, suscita de nombreux obstacles à mon
» départ, et c'est tous plus ou moins « influenzés », pasteur et
» aides de camp, que nous nous mîmes en route.

» Le premier jour, nous traversâmes une forêt où jamais
» Européen n'avait passé, et appelée Rano-fady — eau sacrée.
» — Sur le bord de son lac et de ses torrents, il est défendu
» de parler. Muet d'office ! Même les fusils doivent se taire !
» On a beau les décharger, disent les Betsiléos, ils restent
» muets ! Pour leur donner un démenti, je braque mon fusil
» sur une bande de canards sauvages et d'autre gibier qui sem-
» blaient nous braver : le coup part, au grand effroi de mes
» porteurs ; les échos d'alentour en sont ébranlés et trois
» canards se débattent dans le lac. Voilà comment Rano-fady
» entendit un premier coup de fusil et comment nous fîmes,
» nous, un excellent dîner...

» Ce qui fait que le diable a sacré ce cours d'eau, c'est qu'il
» est un Pactole, très riche en sable d'or ; partout où se trouve
» cette poudre, le diable règne !

» Le soir, par contre, nous arrivâmes à Rano-mafana — eau
» chaude, 70° ! — bain réconfortant ! Poursuivant notre route,
» avec chaque jour lever à 2 heures, messe dans une cahute
» digne de Bethléem, on marche au clair de lune jusqu'à
» 4 heures ; déjeuner, repos jusqu'à 2 heures, pour éviter le
» soleil brûlant. Nouvelle étape jusqu'à 5 heures, à travers
» nombreuses aventures, difficultés grandissantes, fatigue des
» hommes, traînards, tout ce pain quotidien des caravanes.
» Nous arrivâmes sur les bords du Mananjary le premier
» vendredi de septembre. Sans attendre les retardataires, je
» m'embarquai sur une pirogue pour aborder ce même jour à
» 7 heures du soir sous les auspices du Sacré-Cœur.

» A mon grand étonnement, le dimanche suivant, l'église —
» que je venais bénir — fut comble ; 20 élèves se présentaient
» et quelques jours après ils étaient 60 !

» Prétextant la loi, qui défend aux élèves déjà inscrits de
» passer à une autre école, le gouverneur et le pasteur-valseur
» les réclamèrent. On s'emparait de force de ces pauvres
» malheureux, et on les mettait aux fers avec leurs parents.
» De guerre lasse, je portai un grand coup. Ayant réuni

» mes enfants et leurs parents, je me présentai avec eux
» devant le gouverneur. Le pasteur arriva aussitôt pour les
» réclamer avec violence. En vrai Salomon, le gouverneur
» décida qu'ils ne seraient ni à l'un ni à l'autre, et défense à
» eux d'étudier chez lui ou chez moi. Sans se préoccuper de
» cet ordre, à la fin de la séance les enfants vinrent tous à nous.

» Autres succès de par la miséricorde du divin Cœur. La
» femme du gouverneur est une ancienne élève des Sœurs,
» forcée par le premier ministre d'épouser notre plus grand
» ennemi, qui la traîne de force au temple. La dédicace de
» l'église m'offrit l'occasion de solliciter de cet homme la
» liberté de sa femme, et je l'invitai lui-même à la cérémonie.
» Il vint affublé d'une tunique d'officier d'artillerie et coiffé
» d'un casque prussien, avec sa femme, sa suite, des soldats en
» armes, musique en tête. A son arrivée, mon maître d'école,
» en lui offrant une piastre, selon l'usage, lui demande : « Com-
» ment va la Reine, comment vont le premier ministre, les
» canons de la capitale et l'Imérina, dont le fer ne toucha
» jamais les cheveux ?... » Comme un hypocrite, le gouverneur
» répondit en affirmant son impartialité. Je profitai de la
» circonstance pour lui présenter aussitôt les élèves auxquels,
» la veille, il avait défendu de venir à moi, et pour les lui
» recommander... Tête du gouverneur !!!

» Suivit la question de l'emplacement. Encore lutte contre
» la cupidité et la mauvaise foi de cet homme. Il ne voulut
» même pas lire les titres anciens qui nous en assuraient la
» propriété. Pendant la nuit, il m'envoya un émissaire pour
» m'offrir le terrain pour 100 piastres. Sur mon refus, il fit
» élever un entourage sur la partie dont il s'était emparé, mais
» aussitôt je me rendis sur les lieux, envoyai promener les
» officiers et les travailleurs, et démolis l'entourage.

» Malheureusement, ma mission terminée et nous partis, le
» gouverneur et le pasteur ne vont-ils pas me reprendre élèves
» et terrain ? Comptons cependant sur la protection du Sacré-
» Cœur.

» Cette expédition, qui a coûté tant de luttes, a eu son côté
» consolant par le retour à DIEU de plusieurs dévoyés. L'un
» des principaux créoles, M. B*, attendait, dirait-on, mon
» arrivée pour mourir d'une attaque d'apoplexie, après avoir
» reçu les derniers sacrements. Le pasteur qui assistait à cette
» agonie, voulant faire croire que sa religion ne diffère pas de
» la nôtre, m'aida dans mon office, se mit à genoux, et répon-
» dit aux prières des mourants. Cette mort et l'enterrement
» solennel produisirent un effet merveilleux. J'en profitai pour
» parler de la mort. Un traitant anglais, qui m'entendit, fut si
» frappé qu'il faillit tomber en syncope, et se fit aussitôt
» apporter un grog pour chasser ces « vérités salutaires... »
» Toujours anglais !...

» Un autre créole, le Crésus de Mananjary, âgé de 50 ans,
» n'avait pas encore fait sa première Communion, n'allait pas
» à l'église, et, seul de tous les Européens, ne voyait pas le
» missionnaire. J'allai le trouver. Couché sur son lit, il ne
» répondit pas à mon salut, et ne prit pas la main que je lui
» présentai. Le lendemain, le surlendemain, j'y retournai, sans
» succès. Après huit jours enfin, il se décida, et je pus lui
» parler de son âme. La conversion fut opérée, il se confessa,
» fit sa première Communion, après avoir au préalable accom-
» pli un acte héroïque des plus édifiants. Il avait des ennemis
» en ville. Avant le grand jour, s'étant levé avec effort, il se
» fit conduire chez eux. « Monsieur, leur dit-il courageuse-
» ment, je me réconcilie avec DIEU et avec vous aussi.
» Oublions tout, en frères et en chrétiens ! »

» Cette conversion causa grande émotion en ville ; tous les
» retardataires jugés en état de recevoir les sacrements s'en
» approchèrent. Le jour de la première Communion, il y eut
» grand dîner à la table de cet enfant prodigue ; amis et
» ennemis furent invités, le champagne acheva de cimenter
» l'union des cœurs.

» De retour chez moi, je trouvai le pays dévasté par l'in-
» fluenza, jusqu'à 40, 60, 80 morts par village : mais le Sacré-

» Cœur avait gardé mon troupeau, je n'ai perdu que trois
» chrétiens et me voici parcourant mon district, le jour sur
» mon cheval, et la nuit m'entretenant avec vous, mes chers
» protecteurs !

» Encore ce post-scriptum à cette lettre déjà si longue. On
» peut m'envoyer croix, chapelets, jeux, dominos, biscuits,
» pastilles, dragées — celles-ci toutefois en boîtes de fer blanc
» — récompenses encourageantes appréciées de nos élèves.
» Pour les chapelets, ne pas oublier que nos enfants n'ont pas
» de poches ; il leur faut, par conséquent, comme à tous les
» sauvages, des chapelets assez grands pour qu'ils puissent y
» passer la tête ; longues chaînettes, mais petits grains... »

Notons ici, pour le cas où quelqu'un des lecteurs de ces
pages serait en mesure d'y satisfaire, une requête d'un autre
genre... « Si vous voulez faire une générosité à mon petit
» coquin de cheval — appelé Talata — demandez pour lui à
» quelque cavalier sur le retour une vieille selle légère, mais
» encore solide. Hier, parti à 6 heures du matin de notre nou-
» veau poste de Fiadana, je suis arrivé à Ambohimahasoa à
» 4 heures et demie. Pendant ces dix heures de cheval au
» galop, sous une pluie comme je n'en avais jamais vue, toutes
» les arêtes de ma mauvaise selle me déchiraient le corps.

» A propos de ces averses reçues en campagne, j'ai à vous
» dire que l'imperméable reçu me rend grand service. Le
» donateur semble avoir appris de son ange gardien qu'ici
» nous passons six mois sous des pluies torrentielles. Mainte-
» nant qu'il s'est dépouillé pour votre missionnaire, quels tor-
» rents de grâces vont l'inonder ! — Sans compter les filleuls
» que nous lui avons donnés en retour, entre autres, un Bare
» ennemi, lapidé mais mort en chrétien ! »

Et maintenant, documents en mains, suivons le Père dans
ses courses apostoliques, la Mission dans son développement.

Pour pousser au travail ce peuple malheureux, qui meurt de
faim sans rien faire pour se tirer de la misère, il parcourt la
contrée avec le gouverneur. Un vaste terrain est concédé à

chaque église ; c'est lui-même qui donna le premier coup de
pioche à celui du sanctuaire lorrain. D'autre part, il multiplie
le nombre de postes chrétiens ; la fête patronale à Ambohimahasoa, en juin 1894, en réunit quinze autour du Sacré-Cœur,
en attendant le seizième à dédier à la Vierge qui sauva la
France. « Dès que vous apprendrez qu'elle est proclamée
» Bienheureuse, écrit le Père, hâtez-vous de me l'annoncer. Il
» faut que le premier sanctuaire construit à Madagascar à la
» Bienheureuse Jeanne la Lorraine s'élève à l'ombre du Sacré-
» Cœur « lorrain malgache ».

Pensée délicate et qui doit être particulièrement chère aux
bienfaiteurs de la Mission, comme aussi à tous ceux qui ont à
cœur le culte de la sainte héroïne. Souhaitons que son image,
emblème de la foi et du courage, se dresse bientôt sur cette
nouvelle terre française, et que, grâce à sa protection, le règne
de l'Eglise catholique s'établisse et demeure parmi ces popu-
lations si avides d'embrasser notre religion. Qu'elle soit elle-
même « les voix » que doit entendre le missionnaire pour
voler au secours de ces âmes que détient Satan, et qu'elle le
conduise à la victoire, — « la victoire de DIEU. »

Cette fête patronale, toujours si consolante, chaque année,
eut encore son épreuve. L'an dernier, c'était la maladie du
Père, retenu à Fianarantsoa, et obligé de se faire remplacer ;
maintenant, c'est le soulèvement des ennemis — les Bares. —
Ceux-ci, après avoir brûlé un village, enlevé les bœufs, des
femmes et des enfants, étaient venus attaquer la ville, trois
jours avant la fête. Une partie des habitants dut se mettre à
leur poursuite. L'assistance à la cérémonie religieuse comptait
néanmoins un millier de personnes... « Au moment, raconte
» le Père, où l'on s'apprêtait à porter processionnellement la
» statue du Sacré-Cœur, apparaît à l'horizon le cortège des
» gens de l'expédition, qui rentraient avec le gouverneur après
» avoir tué 29 ennemis, et portant au bout de leurs piques
» deux têtes pour les exposer aux portes de la ville. Le Sacré-
» Cœur dut rentrer devant cette exhibition, mais il eut son

» triomphe plus pacifique. J'allai à la rencontre du gouverneur
» et, tout fanatique protestant qu'il est, je l'invitai à venir
» assister à notre salut, en action de grâces de sa victoire. Je
» lui fis remarquer que chaque fois que — par extraordinaire
» — il honore indirectement le divin Cœur et son sanctuaire,
» un bienfait lui arrive aussitôt en retour. Il y a quatre ans,
» trois jours après son assistance à notre Dédicace, il rempor-
» tait la victoire la plus éclatante qui ait encore été gagnée à
» Madagascar contre les Bares. »

Ajoutons que le Père fut lui-même l'objet d'une bénédiction
évidente du Seigneur, en cette fête de son Cœur. Souffrant,
très affaibli depuis plusieurs jours, il se croyait incapable de
tout travail à l'approche de la solennité. Or, la veille, dès les
premières vêpres, c'est-à-dire à une heure après-midi, il put
confesser jusqu'à la nuit, orner l'église et la statue, héberger
les étrangers, préparer la procession, et dès la pointe du jour,
confesser encore jusqu'à dix heures, prêcher trois fois, sans
faiblir. Se sentant plus vigoureux que jamais, pendant l'octave
il parcourut la contrée au pas de course de son cheval pour
porter aux postes éloignés la joie « d'un regain de fête ». Et
la bénédiction suivait ses pas, dans cette course précipitée. Il
y fit la plus belle moisson qui ait jusqu'alors réjoui son cœur
de missionnaire. Une centaine de baptêmes en ce mois de juin,
quelle belle couronne d'âmes pures autour du Sacré-Cœur !

Et quelle foi ! et quel zèle parmi ces nouveaux chrétiens !
Citons-en un exemple. Cécile, la femme du maître d'école de la
Mission lorraine, a 40 esclaves ou employés. Si elle les vendait,
elle serait riche : de chaque femme elle retirerait de 2 à 300
francs, de chaque homme, de 80 à 100 francs ; mais les vendre
serait perdre leurs âmes ; elle préfère se ruiner et les nourrir
sans exiger de corvées. Maîtresse de cette communauté de
40 esclaves, elle les traite tous comme ses enfants. Heureux
esclaves dont le sort pourrait être envié par beaucoup de libé-
rés, habitant d'autres terres plus civilisées ! N'est-ce pas là une
conduite que peut seule inspirer la vraie charité chrétienne ?

Jour et nuit, bravant tous les obstacles, l'infatigable pasteur
est en campagne pour la visite de ses postes. « C'est que, dit-il,
» avec une joie reconnaissante, les occupations augmentent
» avec le nombre des agneaux, et le pauvre Talata ne s'arrête
» guère depuis le lever jusqu'au coucher du soleil. Les fatigues ?
» On les subit sans compter quand elles achètent les âmes,
» comme celle, parmi tant d'autres, de la reine d'un village,
» vieille sorcière qui, en donnant son peuple au missionnaire,
» n'avait pas voulu se défaire de ses idoles. » Depuis deux ans,
elle était en enfance. La sachant sans connaissance, le Père
hésitait à aller la voir. « Homme de peu de foi ! se dit-il alors,
» comment hésiter après tant d'expériences, depuis six ans,
» des grâces foudroyantes des pays de Missions !... » Il entre
dans le palais — construction en bois et roseaux recouverts
d'herbes. — Le palais est plein de monde ; parents, amis, sor-
ciers entourent la princesse étendue, les yeux éteints, la poitrine soulevée par le râle. Le Père se penche vers son oreille
pour l'appeler. Aux yeux de tous les assistants stupéfaits, elle
paraît sortir d'un long sommeil, et reprend assez de connaissance pour formuler une renonciation complète à ses idoles,
réciter les actes de foi et de contrition, et mériter le baptême,
qui lui est aussitôt administré. Pendant qu'on lui fait les onc-
tions du Sacrement des mourants, elle saisit la main du missionnaire et l'attire à elle, en faisant des signes de reconnaissance. Au moment où lui était présentée à baiser la croix
indulgenciée pour la bonne mort, elle put fermer sa bouche,
restée ouverte jusque-là, et baiser le crucifix avec respect. Oh !
que le Seigneur est miséricordieux pour ces pauvres sauvages !

Pour clore la nomenclature de ces faits consolants, citons ici
une lettre du Père C., adressée aux bienfaiteurs lorrains en
août 1894, à son retour d'une visite à leur Mission protégée.
Elle est un résumé encourageant de la situation à cette époque. « ... En arrivant à la case du Père, nous écrit-il, je me
» trouvai en face de son église et de la statue du Sacré-Cœur,
» qui se détache parfaitement au milieu du clocher, dans une

» niche bien décorée. Ma première visite fut pour l'église. Elle
» fait très bon effet. Il n'y a qu'une nef, mais elle est élevée ;
» les peintures, qui la décorent dans le plus grand détail, sont
» de bon goût. Ce qu'il y a de mieux, c'est qu'elle est bien
» remplie, surtout les jours de fête. Le bon Père ne sait alors
» où placer son monde. Tous les jours, il y a de nombreux
» fidèles, des élèves qui se préparent au baptême ou à la pre·
» mière Communion. Comme ils prient ! avec quel ensemble,
» quelle piété ! Ils se préparent à la première Communion par
» une retraite de trois jours ; c'est le Père qui fait tous les frais
» de la retraite. Il fournit le vivre et le couvert. Son jardin est
» livré aux retraitants et retraitantes ; il est assez vaste pour
» offrir à chacun son quartier, où l'on se promène en silence,
» quand il n'y a pas de lecture. C'est le spectacle qu'il m'a été
» donné de contempler le jour de mon arrivée... J'ai eu la
» satisfaction de dire la sainte Messe dans ce sanctuaire où
» tout parle de vous, chers bienfaiteurs : l'autel, la sacristie,
» tous les ornements, les objets du culte, tout, jusqu'aux
» pierres de l'édifice... Inutile d'ajouter que, pendant cette
» messe, vos noms ont été articulés au memento des vivants,
» et que votre souvenir, à défaut de traits que je ne connais
» pas, n'a cessé de m'être présent... »

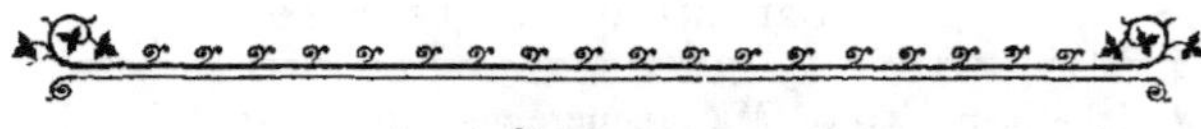

DEUXIÈME PARTIE

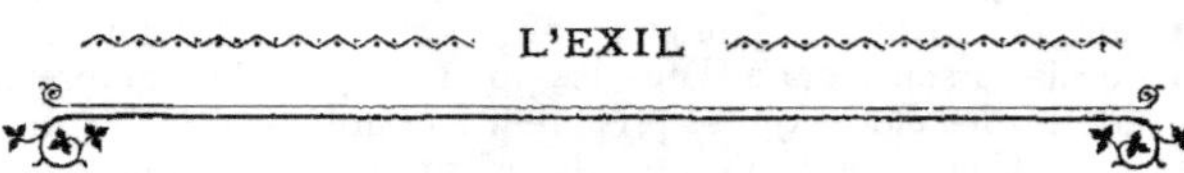

L'EXIL

LE calme qui favorisait ainsi l'épanouissement de cette jeune chrétienté, hélas ! ne devait plus être de longue durée. Des événements politiques allaient surgir, menaçant de tout compromettre, sinon de tout anéantir. Dès le 1er octobre 1894, l'écho d'un premier cri d'alarme retentit jusqu'en Lorraine. On apprend que l'envoyé extraordinaire du gouvernement français, M. Le Myre de Villers, a signifié l'ultimatum au premier ministre malgache et lui a donné huit jours pour réfléchir. Les missionnaires reçoivent avis de se tenir prêts à quitter l'île en cas de guerre.

Ce premier signal alarmant est suivi de près par la douloureuse certitude. Au 10 novembre, une longue et intéressante lettre, datée de l'île de la Réunion, en apporte la nouvelle. La guerre est déclarée. La prudence exige le départ de tout ce qui est religieux et français. Ce que fut cet exode, le Père nous le décrit lui-même avec des détails si touchants que nous les transcrivons presque in-extenso.

Saint-Gilles du Haut-Pas, île de la Réunion,
le 10 novembre 1894.

« ... Obligé de faire certains préparatifs en attendant les
» Pères qui devaient former une première caravane avec moi,
» je dus mettre mon inspecteur Désiré dans le secret ; mais ce
» secret, par attachement pour le missionnaire, il ne put le
» garder, et bientôt la nouvelle du retrait du Père fut commu-

» niquée à tous mes chrétiens. En quelques heures, durant la
» nuit, ils accourent de tous les coins de mon district ; l'empla-
» cement peut à peine les contenir ; un grand nombre reçoi-
» vent la sainte Communion. Puis la journée et la seconde
» nuit se passent encore à confesser et à donner les derniers
» avis. Quelle retraite ! quelle mission ! Et sans frais d'élo-
» quence ! Le silence, les larmes, les bouches de ces chers
» Malgaches désolés baisant avec respect les mains de leur
» Père qui, durant de longs mois, des années peut-être, ne
» ferait plus descendre le pardon sur leurs têtes, le divin Roi
» dans leurs cœurs !

» Le gouverneur et ses officiers se présentent à leur tour,
» me suppliant de rester, et me promettant de protéger ma
» personne. Je réponds que tel serait mon désir, mais que je
» dois obéir à mes supérieurs. Alors ils réunissent mes enfants,
» et me promettent de les protéger en mon absence. A mon
» tour, en les remerciant, je leur signe et leur remets un certi-
» ficat constatant leur noble conduite à mon départ.

» La nuit suivante, — du jeudi au vendredi, — dernière
» messe à l'église lorraine du Sacré-Cœur, dernières commu-
» nions, derniers chants ! ! ! Les compagnons attendus ne sont
» pas arrivés, le signal du départ ne peut être donné ; mais
» mon cœur ne peut plus contenir son émotion devant cette
» foule attristée qui m'assiège depuis deux jours et deux nuits...
» Je pars pour le village le plus proche... Vers le soir, mes
» compagnons, dont l'un déjà malade, m'y rejoignent ; nous
» disons nos messes la nuit, puis nous partons, le Père valide
» et moi à cheval, le malade en chaise à porteurs.

» A peine parvenus à un kilomètre de distance, je vois accou-
» rir, à toutes jambes, une de nos braves chrétiennes, Ger-
» maine, qui n'a pu se confesser la veille. J'arrête mon
» « Talata » pour l'attendre, mais le cheval du Père L. se
» précipite sur le mien et lui livre bataille. Talata, effarouché,
» fait un bond de côté et roule à terre, en écrasant ma jambe
» gauche engagée dans l'étrier. Je l'échappai belle et pus

» encore remonter à cheval, mais je n'étais pas à mon dernier
» accident. Le jour tardait à paraître ; un brouillard épais
» nous empêchait de voir à dix pas. Pour éviter une récidive
» de bataille, je prends les devants. Funeste inspiration ! Le
» maître d'école, qui me conduit, s'égare au milieu des étangs
» et de la forêt ; mes compagnons perdent ma piste, et s'éga-
» rent à leur tour. Pendant une heure, nous nous appelons à
» grands cris ; j'envoie de tous côtés à la recherche, les exprès
» s'égarent aussi et ne reviennent pas. Enfin, après une heure
» et demie, un Betsiléo tira les autres de ce mauvais pas, et
» vint me chercher dans mon désert.

» Le soir, ma jambe froissée gonfla ; il me fut impossible de
» remonter à cheval. Nous nous trouvions alors au milieu
» d'une forêt vierge, coupée de gorges, de ravines, de torrents,
» de côtes à pic. Il me fallut la traverser à pied, ou plutôt à
» quatre pattes, avec un gros bâton à chaque main et un de
» mes enfants pour me soutenir. Vers trois heures du soir, je
» trouve des porteurs...

» Après deux jours de marches, entrecoupées de quelques
» heures de repos, me trouvant un peu plus fort, je repris mon
» Talata. Nous arrivions dans les fonds, le soleil était brûlant.
» Je voulus — honte du cavalier — m'abriter sous mon para-
» pluie. Effrayé du bruit que je fis en l'ouvrant, Talata partit
» au pas de course, par une pente rapide, et, à un tournant,
» me désarçonna de nouveau... Je faillis perdre la vie, et dis
» adieu définitivement au bouillant coursier pour prendre les
» porteurs. Enfin, après différentes péripéties, trop longues à
» rapporter, nous arrivâmes sur les bords du fleuve enchanteur
» du Mananjary.

» Ce poste du Mananjary devait nous réunir à une autre
» caravane, le gros de l'armée, qui arriva deux jours après
» nous : malades, infirmes, vieillards ; aile droite : les Sœurs
» de Cluny ; aile gauche : les chers Frères des écoles chré-
» tiennes ; le lendemain seulement, l'arrière-garde avec le
» général en chef, notre Supérieur, puis l'intendance avec les

» bagages : une couverture et une chemise ; ce n'était pas
» lourd ! C'était un dimanche. A peine la dernière messe finie,
» à 8 heures, apparaît à l'horizon « le Hugon », croiseur cui-
» rassé, qui hisse le signal : « Embarquez, missionnaires, immé-
» diatement. » Un kilomètre nous sépare du navire. Descendus
» sur de mauvais chalands, nous mettons trois mortelles heures
» à le rejoindre, les plus dangereuses que, tous, nous ayons
» connues. Sur ce Hugon, pas de place dans les cabines ; deux
» jours et deux nuits on doit coucher sur le pont, côte à côte
» avec les canons de 14. *Le mardi soir nous débarquons* à
» Tamatave, où nous trouvons avec bonheur toute la Mission
» de l'Imérina, son Evêque, notre vénéré Vicaire apostolique,
» en tête. Le lendemain, nous nous embarquons tous sur le
» « Péy-hô » des Messageries maritimes, et le vendredi nous
» abordons à l'île de la Réunion. C'est là que nous attendons
» les événements. »

Durant cette douloureuse attente, les yeux fixés sur le
sombre horizon, la pensée scrutant l'avenir, le cœur élevé vers
Dieu avec confiance, on prie, on souffre. Aux émotions péni-
bles de la séparation succèdent les angoisses et les soucis
du pasteur arraché du bercail où il a laissé son troupeau, du
père exilé, séparé de ses enfants. « Oh ! que j'aurais voulu être
navire, ballon, oiseau, ange, écrit le Père après Noël, pour m'en-
voler, en cette belle nuit, au sanctuaire d'Ambohimahasoa !!!»
Pauvres agneaux sans berger pour les conduire à la Crèche !
Ils y sont allés cependant d'eux-mêmes ; les nouvelles récentes
affirment que, jusqu'à présent, tout marche, à l'église et à
l'école, comme si le Père était présent. Il y a bien eu un
commencement d'hostilités de la part des Anglais, mais le
gouverneur, fidèle à sa promesse, a donné des ordres sévères
et tout est rentré dans l'ordre.

Un indigène, ancien élève des Pères, confirme ces rassu-
rantes nouvelles ; en termes touchants de foi et de sentiment,
il exprime aux exilés les ardents désirs de les revoir. « Chers
Pères, écrit-il, faites tout ce que vous pourrez pour revenir vite

auprès de nous. Nous souffrons trop ! Nous ne voulons pas rester plus longtemps dans cet état de misère et de mort, lequel nous méritons pourtant pour nos péchés. Revenez vite, nous ne voulons pas mourir sans prêtres et sans sacrements ! » Quel déchirement de cœur pour nos vaillants apôtres, à ces pressants appels auxquels ils ne peuvent répondre !

Mais leur zèle, leur dévouement, leur besoin de se consacrer au rachat et au salut des âmes est inépuisable ; ils ne peuvent rester oisifs. Chaque journée passée sans combat est une journée sans victoire. On les a arrachés à leur famille, ils s'en créeront une nouvelle, et avec l'espérance de revoir bientôt celle à laquelle ils viennent de laisser une partie de leur cœur, ils se répètent l'ancien cri des Croisés : « En avant, DIEU le veut! »

Quelques-uns ont été autorisés à suivre l'armée comme aumôniers ; les autres se dévouent au ministère de la paroisse qui les a recueillis, et au service de sauvages, de Malgaches, de Malabares, etc..., réfugiés et éparpillés dans les environs.

C'est de cette Mission que notre Père « lorrain », remis de ses blessures physiques et morales, mais encore sous l'influence de la fièvre, est appelé à celle de secrétaire et compagnon de son Evêque, Mgr Cazet, pour la tournée que les circonstances permettent à celui-ci de faire en France.

Le 22 mai déjà, les voyageurs débarquent à Marseille, et, à peine le pied sur le sol de la mère-patrie, l'un d'eux entrevoit la Lorraine. Il écrit : « S'il m'était donné d'entrer dans cette chère Lorraine, où je compte tant de bienfaiteurs, que de remerciements j'aurais à y promener ! Ah ! si toutes les Provinces restées françaises avaient su comprendre le vrai moyen de conquérir Madagascar, si chacune avait fondé là-bas une autre elle-même, un autre Ambohimahasoa, sans coup férir, sans canons ni sang versé, Madagascar serait à la France. Verrai-je cette Lorraine, notre mère ? Croyez-vous qu'il serait utile de m'y présenter ? Le pourrais-je sans inconvénient ? Si oui, nous aviserons. »

Et ce fut oui.

Le choix qui appelait si providentiellement le Père de la Mission lorraine à suivre son Vicaire apostolique en France, lui valut à lui et procura à ses bienfaiteurs la joie, certes inattendue et jamais rêvée, d'une réunion qui cimenta l'union et anima les cœurs d'un nouveau zèle. Elle ouvrit les bourses aussi ; la situation de la Mission de toute l'île le demandait. On y avait laissé sans secours 200 lépreux, 600 maîtres d'écoles et 25.000 élèves; 200.000 Malgaches y étaient persécutés, ruinés, frappés, martyrisés parce qu'ils se disaient hautement « catholiques et français ». Les maîtres d'écoles restés au district Betsiléo ne recevaient plus que 8 centimes par jour pour se nourrir et se vêtir eux et leurs familles.

Le secours fut donné dans la mesure des ressources, assez restreintes au pauvre pays de Bitche, plus larges aux pays de Metz et de Thionville, visités par l'intéressant et sympathique pèlerin.

Voici ce qu'il écrivait à ces derniers à son retour à Ambohimahasoa, le 27 mai 1896 :

« ...... Quand cette lettre vous arrivera, vous aurez déjà repris vos travaux à l'ouvroir de Madame la baronne de G... Je n'oublierai jamais la première apparition que j'y fis en août dernier, après avoir passé la nuit en wagon et être arrivé à Metz, n'ayant pas même trouvé de quoi me débarrasser de l'épaisse couche de charbon que laissent aux voyageurs vos affreuses locomotives civilisées.

« Bah ! m'avait dit Mlle M..., cela vous donnera un peu de couleur locale ! »

» N'est-il pas vrai que la teinte négrillon sur ma grosse figure basanée de Gascon était une nouveauté dans le salon de Madame de G... ?

» Quoi qu'il en soit, pour ma part, j'ai gardé un bien précieux souvenir de cette soirée, et souvent, le mardi, mon cœur se porte à B..., et suit ces doigts délicats et charitables qui travaillent pour les missionnaires et leurs sauvages.

» Oh ! la belle œuvre ! Veuillez me recommander au bon sou-

venir de Madame de G... et de tout son brillant entourage ; et
dites-leur de ne pas oublier dans leurs prières, et aussi dans
leurs travaux et leurs aumônes, le Sacré-Cœur lorrain de
Madagascar.

» Que de fois j'ai maudit la guerre ! Mais en songeant
qu'elle m'a donné l'occasion de voir mes chers bienfaiteurs de
Lorraine, je suis tenté de crier : « Vive la guerre !... »

Un mot adressé à une autre de ses bienfaitrices témoigne
qu'il reçut l'accueil que méritaient, à tant de titres, sa personne
et la cause dont il était l'avocat. « Mon passage en Lorraine,
écrit-il, a ébranlé tous les ressorts de mon âme. Son souvenir
et celui des sacrifices que s'y imposent nos amis pour nous
secourir suffit pour me faire reprendre courage aux heures de
désolation. » C'est qu'en quittant la France il emportait, avec
le souvenir de ses amis, maintenant connus, la promesse de
leur persévérante assistance. De nouvelles difficultés allaient
surgir ; pour les surmonter il fallait entrevoir le secours et
pouvoir y compter.

TROISIÈME PARTIE

LE RETOUR

Après une longue année d'exil, en novembre 1895, la paix signée, les missionnaires sont autorisés à retourner à leurs postes respectifs. Relater, même sommairement, les incidents et les émotions de la rentrée à Madagascar, de la réception triomphale du Vicaire apostolique dans sa cathédrale ; faire la nomenclature des actes héroïques de persévérance, à côté des défections et de certains désordres inévitables, nous entraînerait trop loin. Bornons-nous à ce qui concerne notre Mission du Sacré-Cœur, sur laquelle le Père nous donne les plus complets détails.

Citons d'abord la lettre si origninale écrite à bord du *Djemna*. On sent les cœurs à la joie.

Mer Rouge, le 21 novembre 1895,
(Fête de la Présentation.)

« ... Nous voilà voguant gaîment vers les côtes malgaches,
» saluant l'Égypte, la Palestine, le Sinaï, et transformant le
» paquebot en barque de Pierre. En effet, nous avons à bord
» deux Évêques, cinq Jésuites, un Capucin, trois Salésiens,
» douze Sœurs de trois Ordres différents, un prêtre séculier et
» un grand nombre d'excellents chrétiens « *ex omni tribu,*
» *linguâ et natione.* » Les messes se succèdent toute la matinée,
» et les poissons de la mer Rouge, descendants de ceux qui
» furent témoins du passage de Moïse, se demandent sans
» doute quel est le Pharaon qui poursuit ce nouveau peuple de
» DIEU.

ÉGLISE HANGAR PROVISOIRE ADOSSÉE AU SANCTUAIRE DU SACRÉ-CŒUR.

» L'immense machine, habituée aux blasphèmes et aux
» niaiseries du bord, est tout étonnée de mêler ses mugisse-
» ments aux psalmodies incessantes. Ainsi DIEU sait tirer le
» bien du mal : on chasse la religion du coin de l'Europe
» qu'elle a civilisée, elle se réfugie dans les vastes continents
» de l'Asie et de l'Afrique : bien insensés seraient ceux qui
» voudraient l'anéantir !...

» Elle est ruinée spirituellement et matériellement la Mis-
» sion malgache, immense autant que la France et la Belgique
» réunies. Nous y étions 45 missionnaires ; 5 sont morts pen-
» dant la guerre, une dizaine sont hors de combat, incapables
» de reprendre leur poste ; la trentaine qui reste, fatiguée par
» l'exil et le séjour sur la côte malsaine ou par le service
» d'aumônerie militaire, aura la charge de rallier le troupeau
» dispersé, de relever les ruines matérielles et morales, de
» lutter contre les anciens ennemis : paganisme et protestan-
» tisme, et contre le nouveau, plus terrible encore : l'anti-
» cléricalisme européen.

» Au secours donc, chère Alsace-Lorraine ! Avec notre
» vénéré Évêque, nous entrerons à Madagascar le 8 décembre,
» sous les auspices de Marie Immaculée, et j'espère bien, au
» jour de Noël, chanter le *Gloria in Excelsis* dans notre sanc-
» tuaire lorrain du Sacré-Cœur. »

Cette douce espérance ne fut pas réalisée. Bien que débarqué
avec son Évêque et décidé à rejoindre au plus tôt son troupeau,
soit par terre, soit par mer, le Père fut arrêté à Tamatave, par
suite de difficultés de transport ; il ne retrouva sa mission
qu'au 21 janvier 1896. Mettons en parallèle avec la relation de
l'exode celle du voyage si accidenté du retour — lettre du
29 février 1896 : « ... N'ayant pu suivre Sa Grandeur à Tana-
» narive, je fus obligé de prendre une autre voie, et par là,
» quelles aventures !.. La côte Est de Madagascar était en feu.
» Les indigènes Vorimos, ayant appris la victoire des Français
» sur les Hovas, leurs tyrans, tombèrent sur ces derniers ; ils
» les massacrèrent, brûlèrent et pillèrent leurs biens. Cette

» insurrection, quoiqu'en notre faveur, devenait dangereuse, et
» pendant un mois interrompit les communications avec la
» capitale.

» On envoya des troupes sur divers points. Je fus choisis
» pour accompagner le commandant L*** et le Résident B***
» pour aller pacifier Mahanoro, l'une des villes les plus com-
» merçantes de la côte Est de Madagascar. Il nous arriva là
» des aventures de l'autre monde.

» M. B*** montra un courage admirable en allant le pre-
» mier, sans armes, droit à l'ennemi. Moi-même j'allai le
» rejoindre avec les officiers et les soldats pour porter des
» paroles de paix aux révoltés... J'arrivai une heure avant eux,
» et me trouvai seul, avec mon parapluie... et aussi mon ange
» gardien, au milieu de 5.000 de ces féroces Vorimos, armés
» de piques et de flèches empoisonnées, le front ceint du signe
» de la guerre. Un étang, infesté de caïmans et large de
» 150 mètres, nous séparait. Je leur fis signe de venir me
» chercher, et l'on m'amena une misérable pirogue, pas plus
» large que mon corps et faisant eau de tous côtés. Je m'étends
» de tout mon long sur un fagot placé dans la pirogue, pour
» l'empêcher de me servir de baignoire, et fermant les yeux
» pour ne pas voir le danger, je m'abandonne à l'aventure de
» cette frêle embarcation. A l'autre bord, les Vorimos en armes
» semblaient se demander comment il fallait me recevoir. Je
» sautai à terre et, prenant la main du premier venu, je la
» serrai amicalement. Aussitôt plus d'hésitation : toutes les
» mains se tendent vers moi, et le Résident, qui arrive peu
» après, est chaleureusement reçu.

» Tout à coup, je vis des Vorimos se précipiter sur un Hova
» présent au milieu de nous, et se disposer à le percer de leurs
» lances. Le moment était critique ; lui mort, il eût fallu le
» venger, et une bagarre nous eût infailliblement coûté la vie.
» Alors, m'armant de mon parapluie, je fis le moulinet et en
» distribuai des coups redoublés à ces sauvages. Loin de m'en
» vouloir, ils s'enfuirent en riant...

» Mais pendant la nuit ils revinrent à la charge, et firent le
» sac de la ville. Résident, officiers et soldats s'étant retirés à
» la citadelle, je me trouvai seul, avec un Frère coadjuteur
» très malade, en face de ces pillards. Les Hovas de la ville
» vinrent se réfugier dans l'église, dans la maison, dans la
» cuisine, et les Vorimos, excités par le rhum bu dans le
» pillage, s'avancèrent, prêts à franchir le ruisseau qui nous
» séparait. Pendant plus de deux heures je luttai avec le secours
» de quatre soldats venus du poste de la ville, et jusqu'à
» l'arrivée du Résident et d'une patrouille. Débordés par le
» nombre, nous eûmes grand'peine à disperser les pillards, en
» tirant des coups de revolver en l'air...

» Le calme, que nous crûmes rétabli, ne dura pas longtemps,
» et il nous fallut de nouveau marcher contre eux. Nous fîmes
» quelques prisonniers, mais surtout je défonçai les barriques
» de rhum qui attisaient leur cupidité. L'insurrection était tarie
» dans sa source ! Il était 4 heures du matin. Ce sera la plus
» célèbre nuit de ma vie.

» Le lendemain, ces Vorimos furieux se disposaient à brûler
» la ville. J'accours en toute hâte et leur dis que j'ai à leur
» parler. Ils étaient 2000. En même temps j'envoyai prévenir
» le commandant, le suppliant de venir sauver la ville, et
» j'essayai de les amuser pour gagner du temps. Ainsi, j'en
» aperçus un tout couvert d'amulettes, appelées « Ody basy »,
« talisman contre les balles. » Je le mis à dix pas et lui dis :
« Voyons si ton talisman est efficace, » et je fis semblant de
» tirer. Il se jeta à mes genoux en disant : « Mon talisman ne
» préserve que des balles hovas, mais pas des françaises. »
» Cependant un forcené de la bande s'écria : « Pendant que
» le Père nous amuse, l'ennemi va nous couper le chemin,
» nous sommes trahis. » Je me crus perdu, toutes les lances
» étaient levées !!! Inspiré de l'ange gardien, je m'avançai vers
» celui qui venait de parler et lui assénai un grand coup de
» parapluie, en lui disant : « Misérable ! tu n'as pas confiance
» en la parole du Père ?... » « C'est vrai, disent les autres, le

» Père est notre ami, il ne nous trompe pas... » Et le calme se
» rétablit.

» Le Résident, le commandant et les soldats arrivèrent sur
» ces entrefaites, et conclurent définitivement la paix avec les
» Vorimos du Nord.

» Au même instant, du côté du Sud, un immense incendie
» obscurcit le ciel : c'étaient les Vorimos du Sud qui nous
» réservaient d'autres surprises. Arrivant vers nous, ils brû-
» laient, ils pillaient : tout était à feu et à sang sur leur
» passage.

» Nous trouvant seuls, le commandant et moi, devant cette
» foule en furie, il nous parut prudent de la prendre par la
» douceur. Je m'avançai pour les haranguer vivement. Ils se
» laissèrent persuader, et, sans trop se faire prier, rentrèrent
» dans leurs villages......

» Vous pensez quelle fête de Noël nous passâmes avec tout
» ce tapage ! Cependant j'eus le bonheur de voir réunis à la
» Sainte Messe le Résident, le commandant, les soldats, le
» gouverneur malgache catholique, et surtout, pour la première
» fois, je tressaillis en entendant le commandement, hélas ! trop
» oublié de : « Portez armes ! présentez armes ! Genou terre ! »
» et le clairon saluant de sa voix guerrière le DIEU de la
» paix !!!..

» Le 28 décembre, le Résident partit pour le Nord, afin
» d'apaiser les révoltés. Sur son avis, je me mis en route, par
» terre, pour Mananjary. C'était le 1er janvier 1896...

» De nouveaux obstacles allaient entraver ma marche en
» avant. Après une vaine et longue lutte contre une véritable
» conjuration de tous les éléments, je fus arrêté par un torrent
» si impétueux, si grossi par les pluies, qu'en tenter le passage
» eût été impossible. Trempé jusqu'à la moelle, ayant sur mes
» genoux un pauvre Betsiléo miné par la fièvre et qui cher-
» chait un peu de chaleur, tandis que redoublait la tempête et
» que je demeurais accablé devant cet insurmontable obstacle,
» tout à coup un de mes guides me dit : « Père, donnez-moi

» le drapeau. » En nous séparant, le commandant Lacarrière
» avait partagé son drapeau en deux et m'en avait donné la
» moitié. — La Providence l'avait inspiré ; ce drapeau me
» sauva la vie, et à partir de ce moment je pourrais intituler
» ce récit : « Le triomphe du drapeau français à travers les
» Vorimos. » En effet, notre homme, nouant la bandelette
» tricolore autour de ses reins et se cramponnant à une liane,
» passa le torrent, coupa une longue perche, y attacha ce lam-
» beau de drapeau, et, l'élevant bien haut, alla parcourir les
» villages voisins. Il revint accompagné d'une foule d'indi-
» gènes enthousiasmés de mon arrivée et qui me prêtèrent
» secours pour me faire gagner l'autre rive, à travers des
» difficultés inouïes….

» … Je continue ma route, et sans mes guides, desquels
» m'avait séparé ma périlleuse traversée, je tombe dans le
» village d'Ambodeniaka, entièrement composé d'esclaves,
» gardiens de bœufs appartenant, devinez à qui !… au fameux
» Ramazambajaka — ramasse ton bazar, dans le jargon du
» régiment. — Vous figurez-vous ce gouverneur de l'extrême
» Ouest de Madagascar ayant des quantités de bœufs et
» d'esclaves à l'extrémité opposée ?… J'envoyai aussitôt à la
» recherche de mes hommes et fus comblé de présents par ces
» esclaves, qui me demandaient la liberté. Ce fut alors une
» marche triomphale à travers ces pays en révolte, tous les
» hommes de chaque village me faisant escorte, drapeau en
» tête…

» … En avançant, nouveaux obstacles, mais, cette fois-ci, ce
» fut un compatriote qui vint à mon secours. Il m'accompagna
» pour me faire passer le plus impétueux des torrents du pays.
» Pas de pirogue, pas même de radeau ; sur notre demande,
» les naturels en fabriquèrent un, tant bien que mal : c'était
» plutôt un fagot. Je m'y cramponnai comme je pus, tâchant
» de garder l'équilibre ; deux lianes, retenues par des indigènes
» sur l'une et l'autre rive, empêchaient seules ce frêle esquif
» d'être emporté par le flot furieux… Tout à coup, sur l'autre

» rive, un enfant s'écrie : « La corde casse ! » En effet, une des
» deux lianes, vaincue par l'impétuosité des eaux, s'était rom-
» pue, et ne tenait plus que par un reste d'écorce. Je crus que
» ma dernière heure avait sonné. Mais un homme, se jetant
» à la nage, saisit la liane au-dessus et au-dessous de la cassure
» et la soulagea. Quand elle se rompit, le fagot arrivait à
» l'autre rive, où je fus sauvé, grâce aux secours de ces bonnes
» gens qui, bravant le torrent, s'étaient mis à la nage pour me
» saisir...

» Cependant ils m'invitèrent à aller me sécher dans le
» village voisin, où une femme me prépara un peu de café ;
» mais elle oublia d'éteindre le feu, qui se communiqua aux
» cases voisines. Nous fûmes obligés de faire la part du feu, et
» je me retirai tout honteux d'avoir porté la désolation dans
» ce village auquel je devais la vie. Je dus laisser un dédom-
» magement pour les pertes causées par l'incendie...

» Pendant cinq jours, je traversai des villages brûlés,
» dévastés, et des bandes de pillards que je tâchai de pacifier.
» Le 4 au soir, nous arrivâmes au confluent d'un immense
» fleuve, le Manantara, dont on voyait à peine l'autre rive ; les
» pirogues devaient en venir pourtant ! Nous eûmes beau crier,
» tirer des coups de feu, ce fut en vain. Après trois mortelles
» heures d'attente sous une pluie battante, sans avoir soupé,
» je me disposai à prendre un peu de sommeil dans une masure
» abandonnée. Vers minuit, les rameurs, avertis par nos feux,
» vinrent enfin nous chercher. Nous repartîmes avant le jour,
» et le même soir je tombai épuisé dans les bras du Père Jean
» à Mananjary.

» Mes compagnons, venus par mer, ne tardèrent pas à m'y
» rejoindre. C'est là que j'appris que mon fameux cuisinier
» Théophile, dont toute la France a pu admirer l'horrible
» figure dans mes projections, était venu d'Ambohimahasoa,
» dès la première nouvelle de la paix. Désolé de ne m'avoir
» pas rencontré dans le groupe des Pères déjà débarqués, il
» me chercha à Fianarantsoa, où je le trouvai occupé à soi-

» gner mon terrible cheval Talata, qui le payait en ruades et
» en coups de dents. Jamais, malgré ses soins, Théophile n'a
» pu gagner les bonnes grâces de Talata, qui le trouvait sans
» doute trop laid. Désespérant de rétablir la paix dans mon
» ménage, je n'hésitai pas entre mon cuisinier et mon cheval,
» et échangeai ce dernier contre un nommé Volon-Dandy —
» robe de soie — qui est déjà l'intime de Théophile...

» Malgré la fièvre terrible dont je fus pris à Fianarantsoa,
» pressé de retrouver mes chrétiens qui étaient venus plusieurs
» fois à ma rencontre, je partis après cinq jours de repos, et
» arrivai à Ambohimahasoa pour célébrer la fête de la Sainte
» Famille, le 26 janvier. J'étais parti de Marseille le 12
» novembre.

» Vous dire la joie de mes chrétiens et la mienne serait
» impossible... Tout était intact dans notre église lorraine du
» Sacré-Cœur et dans la maison ; hélas ! non pas dans les
» âmes, dont plusieurs avaient été ébranlées par la persécution.
» Je me hâtai de leur faire prêcher une retraite par un de mes
» confrères ; ils la firent pendant quatre jours, et en retirèrent
» de grands fruits. »

Un fait d'une naïve originalité, mais inspiré d'une foi remarquable et persévérante, pendant cette période de privations
religieuses, mérite d'être signalé ici. Une nouvelle baptisée,
filleule d'une bienfaitrice lorraine et fille à l'âme énergique,
avait été demandée en mariage par un des surveillants des
élèves protestants. « Oui, répondit-elle, mais à condition que
tu te fasses catholique. — Non, reprit-il, c'est la femme qui
doit suivre son mari ; c'est le droit du sexe fort. — Quel que
soit le sexe, ajouta M***, une fille catholique est plus forte
qu'un garçon protestant, serait-il surveillant ; je te le prouverai
bien. » Le prétendant eut beau objecter la loi malgache qui
défend aux élèves de passer dans une école différente, la persécution des Anglais, des gouverneurs : la vaillante fille tint
bon, et, après plusieurs mois de luttes, le fiancé passa aux

catholiques. Il fut effectivement poursuivi par la haine des pasteurs, des officiers, des gouverneurs, mais M*** soutenait son courage. Survint la guerre ; ils n'étaient pas mariés et ne pouvaient même s'unir sans dispense, le fiancé n'étant pas baptisé. La petite théologienne voulut tourner la difficulté. Comment faire ?... Attendre la fin de la guerre ? Elle traînait en longueur ; demander la dispense à l'Evêque ou au Pape ? Impossible d'écrire... Tout à coup une heureuse idée lui traverse l'esprit : « Si je te baptisais, dit-elle triomphalement au fiancé, il n'y aurait plus d'empêchement et nous pourrions nous marier. » Aussitôt dit, aussitôt fait : M*** donna le nom de Louis à son fiancé, qui devint son époux. Faute de prêtre, du haut du ciel DIEU bénit ce mariage, et neuf mois après, cette courageuse chrétienne mettait au monde une petite fille, noire comme l'ébène, mais gentille comme un ange. Dès le retour du missionnaire, la mère elle-même le présenta pour recevoir le baptême ; M. et M<me> C***, les deux premiers Européens qui parurent dans le village et qui s'installèrent dans le district, acceptèrent d'être parrain et marraine, et l'appelèrent Rose. Formés aux écoles normales, Louis et M*** devinrent de zélés catéchistes, maître et maîtresse d'école.

A la grande épreuve succède une ère de bénédictions et de notables succès. Les caisses sont vides, il est vrai, en présence d'immenses besoins ; mais la source des grâces n'est pas tarie. Du divin Cœur elles vont couler à profusion pour féconder cette terre malgache, arrosée du sang du martyre et de l'héroïsme, mêlé aux sueurs de ses apôtres.

Avant tout s'y accentue la dévotion au Sacré-Cœur par les exercices du premier vendredi du mois. Dès le début, les participants y sont si nombreux qu'ils ne trouvent pas tous place dans le sanctuaire, comme aux jours de fêtes. Mais remarquable surtout est le nombre promptement croissant des baptêmes. Le Père en cite 2.000 en deux mois, et jusqu'à 190 à la fois dans une tournée presque vertigineuse avec le Résident

M. B***, véritable marche triomphale au milieu des ovations de ce peuple attiré sur leur passage, et pressé de s'enrôler sous l'étendard du CHRIST et de la France.

C'est par mille aussi que se comptent les inscriptions d'élèves sur les listes des écoles catholiques. Dès avant Noël, 6.000 nouveaux étaient ajoutés aux 12.000 anciens. Joies spirituelles bien consolantes, mais en regard, angoissantes inquiétudes pour l'avenir de ce troupeau grandissant ! Pas d'écoles, pas de maîtres d'école catéchistes, pas d'églises, donc de nouveaux postes à fonder, et les Supérieurs n'allouent que 12 à 15 francs pour chaque fondation !!! Quoique prévoyant presque l'impossibilité de faire face à tous ces besoins, les Pasteurs, confiants en la Providence, acceptent cette triste situation ; la perspective de rester maîtres du terrain et de « bouter les Anglais dehors » les encourage.

Laissons la parole à notre apôtre lorrain pour nous faire le récit d'une de ses plus brillantes conquêtes d'alors, et avec lui nous bénirons le Seigneur.

« (Lettre d'octobre 1897.) — ... A l'Est des Betsiléos, en
» pleine forêt sauvage, s'étend la tribu des Tanala — habitants
» de la forêt — jusqu'ici esclaves des idoles et du protestan-
» tisme. Le mois dernier elle se révolta, mais les troupes fran-
» çaises, arrivées de tous côtés et secondées par mes chers
» Betsiléos, en eurent raison après un mois de luttes dans les
» sentiers presque impraticables de la forêt.

» Au lendemain de la pacification, le pasteur luthérien, qui
» s'était tenu à l'écart pendant le danger, accourut pour profi-
» ter de la victoire. Quarante maîtres d'école lui faisaient
» escorte. En passant par Ambositra, poste du Père F***, il
» fait déclarer que les catholiques n'ont pas à pénétrer chez les
» Tanala. Le Père immédiatement envoie du monde pour rele-
» ver le défi, et trop âgé pour se transporter lui-même sur le
» terrain, il me fait l'honneur de me passer le gant.

» Je choisis le 31 juillet, fête de notre capitaine saint Ignace,

» pour livrer l'assaut. Mon adversaire, laissant son bataillon
» dans la citadelle, était allé chercher du renfort. Les Anglais
» lui avaient tout cédé : résidence magnifique, élèves inscrits
» chez lui, tout lui appartenait ; on ne m'octroya, pour m'abri-
» ter, qu'une misérable case habitée par la milice malgache.
» C'est là que, le jour même de saint Ignace, le Saint Sacrifice
» a été offert pour la première fois dans cette immense contrée.
» Le lendemain dimanche, messe en plein air : officiers et sol·
» dats Tanala y assistèrent. Mais je n'avais pas encore les
» enfants, ce vrai nerf de la guerre.

» Quelle n'est pas ma surprise, après la réunion, de voir
» venir à moi, dans la caserne transformée en église, un groupe
» de Tanala, pour la plupart à l'air vénérable ! Ils me disent :
« Mon Père, nous sommes les chefs, les juges de la tribu.
» Depuis longtemps nous avions entendu parler de la religion
» catholique, mais personne n'était venu nous l'enseigner, et,
» de gré ou de force, nous nous étions donnés aux protestants.
» Ayant appris ton arrivée, de tous les coins de la forêt nous
» sommes accourus, et nous te disons : A partir d'aujourd'hui,
» nous tous, nos villages, nos enfants, nous passons aux catho-
» liques. Voici nos maîtres d'école, autrefois protestants, qui
» t'apportent la liste de leurs élèves. » Séance tenante, nous
» fondons 20 postes, passés chez nous avec armes et bagages,
» et dans la ville seulement on put inscrire 200 élèves. Le bras
» de saint Ignace ne s'est pas encore raccourci !

» Mon retour fut une longue ovation à travers ces popula-
» tions simples et vigoureuses comme les arbres séculaires qui
» les ombragent. En route, une nouvelle joie m'attendait. Tan-
» dis que je me disposais à inscrire les élèves d'un village, le
» chef vint à moi et me parla ainsi : « Mon Père, il y a 15 ans,
» à l'ouverture de la première guerre, la reine chassa les mis-
» sionnaires, les Frères et les Sœurs, avec défense aux popula-
» tions de leur donner à manger, afin de les laisser mourir de
» faim. De plus, au lieu de leur faire prendre la route directe,
» on devait les faire passer par des sentiers difficiles, que sui-

» virent à pied les vieillards et les Sœurs ; deux d'entre eux
» moururent de faim, de fièvre et de privations. Malgré les
» ordres sévères de la reine et la brutalité des soldats qui con-
» duisaient ces fugitifs, nous leur apportâmes des vivres en
» cachette... Aujourd'hui, tu es l'envoyé de DIEU pour nous
» récompenser de cet acte de charité envers tes devanciers. Le
» premier élève que nous te présentons est né il y a 15 ans, la
» nuit même du passage des Pères par notre village. C'est
» l'enfant de la Mission persécutée. Il est à toi. » Il fit avancer
» le jeune Tanala, que je reçus dans mes bras. Vous le voyez,
» votre missionnaire recueille parfois de grandes consolations
» pour l'aider à porter son fardeau. »

Il en trouvait de douces aussi dans la ferveur de ses anciens
fidèles, de plus en plus pressés et heureux aux grandes solennités, aux premières fêtes de Noël, par exemple, où, trop nombreux et faute de place à l'église, ils durent défiler, district par
district, devant la crèche.

Détail touchant : à l'insu de leur Père, plusieurs musiciens
avaient organisé une pastorale ; les anges, représentés par un
chœur de jeunes filles à la tribune, dialoguaient avec les bergers à la voix mâle (les maîtres d'école), avec Marie et Joseph,
sous les traits d'une ancienne élève et de l'inspecteur, et enfin,
invention délicieuse, avec le petit marmiton caché dans la mousse
de la crèche, à la place de l'Enfant JÉSUS. On dit que le Père,
en entendant cette voix angélique répondre aux bergers, saisi
d'émotion, eut grand'peine à continuer le Saint Sacrifice. Pour
la messe du jour, célébrée pour les bienfaiteurs vivants et
défunts, il fallut élever un autel en plein air, la foule se pres-
sant sous les dômes d'eucalyptus plantés par le Père autour du
domaine du Sacré-Cœur, et devenus en quatre ans plus élevés
que le clocher.

Ce clocher, nous ne l'avons pas dit encore, avait, dès le
retour du Père, reçu en don de bienvenue une cloche envoyée
de la Lorraine, sortie des ateliers des Fondeurs de Metz et
baptisée du nom de « Glossinde », sainte vénérée dans le pays

messin. Ce nom, à la demande de la donatrice elle-même, avait été substitué au sien propre, indiqué de droit, mais pas particulier à la Lorraine.

Après Noël, vient la fête patronale du Sacré-Cœur, décrite par le missionnaire en termes si touchants que nous les consignons ici, pour réjouir le cœur de ses amis... «... Impossible de » laisser passer ce « grand jour » sans vous parler de notre » belle fête du Sacré-Cœur. Vu l'arrêté qui défend les proces- » sions à Madagascar, vu le prochain voyage de notre admi- » rable général Galliéni au pays des Betsiléos, et enfin à cause » de la corvée des routes, qui emploie tous les hommes valides » depuis 16 ans, j'avais recommandé à mes chrétiens de ne » pas se mettre à la gêne pour venir à la fête. Mais autant » vaudrait recommander à la mer de reculer. 5.000 enfants et » grand nombre de leurs parents étaient accourus. A peine un » dixième a pu entrer dans l'église; le parc si vaste était » envahi, et la foule a dû s'aligner en quatre rangs pour circuler » dans les grandes allées. Cette année, aucun confrère n'a pu » venir à mon secours, ce qui m'a réduit à la douce nécessité » de porter le Saint-Sacrement pour la procession. Cela m'a » valu une des plus émouvantes consolations de ma vie, qui a » duré les deux heures du trajet. Le front presque collé à la » custode sacrée, tandis que mon corps, portant le corps de » notre DIEU, parcourait les allées du parc sous une pluie de » fleurs, de cœur, JÉSUS et moi, nous faisions une autre pro- » cession : nous avons d'abord parcouru chacun des postes du » district, puis, passant les mers, nous avons refait ensemble le » voyage d'il y a deux ans, pendant la guerre, de Paris à M..., » à B..., à C..., etc... Jamais je n'avais fait si ravissante pro- » menade en si douce compagnie !

» Les 45 chœurs avaient beau se disputer mes oreilles dans » un chassé-croisé d'un charmant désordre, les quinze enfants » de chœur avaient beau m'inonder de fleurs, je ne voyais rien, » et poursuivais mon voyage avec mon divin Fardeau. Oh ! que ». de choses nous nous sommes dites !...

» Après la procession, tout ce monde est allé rejoindre le
» gouverneur dans la forteresse, et chacun des chœurs, à son
» tour, a fait entendre le meilleur cantique de son répertoire,
» vrai concours de louanges à la gloire du Sacré-Cœur. Ravi,
» le jeune gouverneur donna 50 francs pour acheter un bœuf.
» Il était 3 heures du soir, et tous étaient à jeun. »

Après ces solennités religieuses, le patriotisme eut la sienne,
toute d'enthousiasme et aussi d'allégresse. Le mandataire de la
France, général Galliéni, faisait dans le Betsiléo sa visite de
prise de possession et d'inspection. Ambohimahasoa voulut
lui faire une réception digne de la nation dont il était le repré-
sentant, digne aussi d'un chef de la vaillante armée française.
Le Père nous fait lui-même un compte-rendu de la fête.

«... En une nuit, 20 000 arbres poussèrent, comme par
» enchantement, de chaque côté de la route qui venait d'être
» terminée, et dont 50 kilomètres traversent notre district.
» Pour faire ce petit miracle, il avait été convenu que la veille
» de l'arrivée du général, tout le peuple s'échelonnerait sur la
» route et que chacun planterait un arbre à la place qui lui
» serait désignée : de sorte qu'en outre de cette double rangée
» d'arbres, le général a passé entre deux files de nos chrétiens,
» longues de 50 kilomètres. Nos élèves étaient plus de 10.000,
» chacun couronné de fleurs et portant un bouquet à la main.
» Le reste du peuple était conduit par des chefs, portant cha-
» cun un drapeau tricolore et suivis d'une fanfare et d'un
» corps de lanciers Betsiléos. Dès que parut le général, les
» enfants, en chantant, le couvrirent de fleurs, et pendant
» qu'une centaine de musiques jouaient, le peuple acclama, les
» lanciers se livrèrent à une merveilleuse fantasia.
» Notre petite ville d'Ambohimahasoa, de l'aveu de tous,
» même du général, la plus belle de Madagascar, semblait un
» Eden ; des murailles de palmiers et autres arbres tropicaux,
» plantés la veille, s'unissaient à nos 800 eucalyptus, et faisaient
» disparaître les maisons sous des rideaux de verdure. Des
» arcs de triomphe de 8 mètres de hauteur étaient échelonnés

» sur la route, et devant le palais du gouverneur, le trône du
» général était ombragé par un dôme en étoffes précieuses et
» des palmiers de 12 mètres ; il était flanqué, à droite et à
» gauche, de six autres arcs de triomphe. A peine le général
» eut-il gravi l'estrade, qu'il fut littéralement couvert de
» fleurs ; mais ce bombardement d'un nouveau genre, il le
» subit avec le même sang-froid qu'il a coutume d'affronter la
» mitraille.

» Après ce premier acte de la cérémonie, je fus invité à
» déjeuner avec sa suite, et à l'accompagner à la capitale
» Fianarantsoa, où la réception fut digne de l'importance de
» cette ville.

» A notre retour, les ovations furent encore plus enthou-
» siastes.

» Après la nuit passée à Ambohimahasoa, le général, malgré
» sa fatigue, voulut voir l'église, les allées du parc et les enfants.
« Elle est bien petite, votre église, me dit-il, mais bien jolie. —
» Général, répondis-je, c'est que nous n'avions que 20 élèves
» quand nous avons commencé, il y a 8 ans ; maintenant que
» nous en avons 20.000, nous allons bâtir une autre église. —
» Oui, reprit-il, faites-la vaste, Ambohimahasoa a de l'avenir ;
» on s'y croirait en France, je veux qu'elle ait un jour des
» Frères des Écoles chrétiennes, vous en aurez trois... plus tard
» aussi des Sœurs... » Il fit ensuite les examens des classes
» sur la langue française, l'arithmétique, la géographie, etc...
» Satisfait, il distribua pour plus de 60 francs de récom-
» penses.

» Dans cette tournée, il aura constaté qui fait plus d'hon-
» neur à la France, et qui la fait plus aimer, des élèves des
» Jésuites ou de ceux des protestants salariés de l'Angleterre.
» Ces derniers se démènent comme des forcenés, et usent de
» tous les moyens, argent, calomnies, la force même, pour nous
» enlever nos ouailles. Mais jusqu'ici ils n'ont réussi qu'à
» agacer le peuple et à ennuyer le général et ses employés par
» leurs plaintes et leurs exigences. Pourtant le général est

» plein d'égards pour eux, ce dont nous ne nous plaignons pas,
» tant s'en faut. Il sera d'autant plus évident que le merveil-
» leux courant du peuple malgache vers le catholicisme est
» bien spontané. »

Ainsi que l'avait remarqué le général, et ce qu'en maintes circonstances avait prouvé la foule, condamnée, faute de place dans l'intérieur, à stationner autour de l'église, la prospérité croissante de la Mission exigeait, pour la prière et les réunions, un local plus vaste que le sanctuaire, son berceau. Le Père, en effet, en avait déjà conçu, soumis même le plan à ses bienfaiteurs, auxquels il demandait avis et concours. C'est une *« église digne du Sacré-Cœur et de la Lorraine »* qu'ambitionnait son âme ardente, et, dans sa confiance en DIEU et en ses amis, il ne doutait pas du succès.

Mais une œuvre plus urgente s'imposait. Comment songer à élever à grands frais un temple matériel, quand tant de « pierres vivantes, » conquises aux dernières campagnes, étaient à tailler et à façonner pour le temple éternel? Multiplier les petits sanctuaires, procurer ainsi aux nouveaux postes fondés des centres de prière et des moyens de persévérance, et se contenter à Ambohimahasoa d'un vaste hangar provisoire adjoint à l'église primitive, parut, au sage pasteur, plus apostolique et plus prudent. Il fut ainsi résolu.

Comment on l'obtint à peu de frais et promptement, ce hangar substitué à « belle église rêvée », le missionnaire nous le raconte lui-même avec bonheur, comme un père heureux de publier les succès de ses fils. «... Mes chrétiens, écrit-il en
» septembre 1898, depuis deux ans presque tous privés de
» messes et de grandes fêtes, faute de local suffisant, pourront
» désormais être abrités dans l'immense soi-disant hangar qui,
» par leur zèle, a pris les proportions d'un monument. A mon
» insu, ils ont commencé par faire une souscription qui a pro-
» duit 500 francs. Puis, ils ont profité d'une de mes absences
» pour creuser de larges et profondesfondations pour ce han-
» gar, que je voulais faire seulement en torchis. Les fonde-

» ments une fois faits en boue dure comme du béton, ils ont
» fabriqué cent mille tuiles qui n'ont pas coûté un sou. Il y a
» un mois, on n'en avait pas posé une, demain nous posons la
» dernière. Mais aussi quel essaim d'abeilles au travail ! Nous
» avions jusqu'à 500 ouvriers, petits et grands, sur le chantier.
» Pour pétrir la boue, nos garçons, faute de bêches, se servaient
» des pieds, des mains, de tout leur corps, modestement orné
» de la feuille de vigne ; les plus grands faisaient les briques
» que transportaient les dames et les demoiselles.
» Pour avoir un toit digne de ces murs, j'ai fait faire des
» tuiles aux frais de la Mission ; les chrétiens cherchent les
» bois que 30 bûcherons coupent dans la forêt ; un Frère de la
» capitale viendra poser la charpente. Enfin nous espérons
» bien inaugurer notre hangar pour la Toussaint.
Cette construction, due à la foi si vivace de nos bons Betsiléos et à leur attachement pour leur Père, quoique inachevée,
émerveilla le vénéré Vicaire apostolique, quand il visita
Ambohimahasoa pour y administrer la confirmation, lors de sa
tournée dans le district, vers la fin de cette même année 1898...
« Parcourant le pays en pleine mauvaise saison, malgré les
» pluies diluviennes, les torrents, les fleuves débordés et ses
» 70 ans, il est un miracle de santé et de zèle, écrit le Père à
» cette occasion. A le suivre dans mon district, pendant 8 jours,
» j'étais exténué, sans compter que j'y ai perdu un cheval de
» 750 francs, noyé dans le Matsiatra, où j'ai failli périr avec
» lui. Notez que ce cheval ne m'appartenait pas, et qu'il m'a
» fallu le payer à son maître... pour alléger, hélas ! ma maigre
» bourse. Mais au retour le trésor des grâces a grossi : dans
» mon district, nous avons eu 600 confirmations, sur les 5.000
» de tout le Betsiléo. »
Signalons encore un témoignage de la foi des chrétiens de
la Mission du Sacré-Cœur. Nous ne saurions trop les multiplier
pour la consolation et l'édification de leurs frères de France.
A son retour à Tananarive, le vénérable Evêque devait célébrer
— le 20 janvier — la cinquantième année de son entrée dans

la Compagnie de Jésus. Spontanément, ce jour-là, tous ces chrétiens vinrent de tous les coins du district pour assister à la messe et recevoir la sainte Communion pour Sa Grandeur. De plus, ils s'étaient cotisés pour lui envoyer deux lambas Sarimbo faits avec des écorces d'arbres. Disons, en passant, que Monseigneur eut l'attention aussi délicate que touchante d'envoyer à la Lorraine ce travail, œuvre de ses enfants adoptifs.

Comment n'être pas touché de la foi vive et agissante de ce bon peuple ? Comment ne pas le seconder dans l'expansion de son dévouement ? Il s'appuie sur l'assistance de sa Mère bienfaitrice, et dans son imperturbable confiance, ayant fait sa part pour l'agrandissement de son église, il lui fait savoir tout ce qui manque à son achèvement. Il y faut la voûte, les portes, les fenêtres, le dallage, le décor, la tribune, le clocher, mais surtout l'autel et le tabernacle... Et après cela, des satellites autour du rayonnant Sacré-Cœur.. !!!

N'est-ce pas le plus agréable, le plus naturel, le plus doux des devoirs pour une mère de concourir au développement, à l'épanouissement de son enfant ? La Lorraine le comprit et continua sa tâche. Des envois de fonds, des promesses, des objets en nature répondirent à l'exposé des besoins de ses protégés. En termes émus, ceux-ci adressent l'expression de leur reconnaissance : « Vous faites de nous des enfants gâtés, à rendre
» jaloux tous nos voisins, écrit-on aux généreux bienfaiteurs ;
» témoins ces deux caisses, vrais œufs de Pâques arrivés à la
» Pentecôte. Vous avouerai-je, ajoute naïvement le Père, que j'ai
» passé la moitié de la nuit rien qu'à les déballer ? et je vous prie
» de croire que je n'avais pas envie de dormir ; j'allais de surprise
» en surprise et tout venait à point. A point surtout une toi-
» lette des plus distinguées pour notre Françoise, femme de
» notre maître d'école, venue dès le matin m'annoncer l'éléva-
» tion de son mari au grade de chef de mille, et pour elle, par
» suite, l'obligation de se costumer à la française, avec chapeau
» et souliers ! — La pauvre ! Jusque-là elle avait vécu la tête
» et les pieds nus, sans compter presque tout le reste, des pieds

» à la tête. — Vos caisses m'ont permis de la faire passer d'un
» bond du costume d'Ève à celui d'une coquette Lorraine. Le
» chapeau de lustrine avec baleines, que j'ai affublé de quatre
» plumes de couleur, faisait surtout fort bien sur sa nuque,
» ornée d'une centaine de papillotes graisseuses. Je ne doute
» pas que le 14 prochain, fête de la République, Françoise
» n'ait le pompon parmi les dames d'Ambohimahasoa...!

» Le voile du Saint Sacrement servira de bannière à l'occa-
» sion. Ici, chacun voudrait la sienne ; les gros bonnets portent
» les grandes, les enfants des oriflammes. Pour les contenter
» tous, il nous en faudrait 5.000 aux processions du Saint
» Sacrement et du Sacré-Cœur. A propos de ces processions,
» je vous dirai que, cette année-ci encore, le diable a fait des
» siennes pour troubler notre fête patronale. J'arrivais d'un
» voyage de quinze jours dans un pays de fièvre. Atteint d'une
» de ces fortes crises l'avant-veille de la fête, je ne pus ni con-
» fesser, ni prêcher, ni porter le Saint Sacrement. Mais les
» Malgaches savent tout remplacer : ils récitent les prières de
» la messe, et font des processions sans Saint Sacrement et
» sans prêtre. Ils défilèrent donc tous devant ma fenêtre, cha-
» cun des 60 villages chantant son cantique sur des tons diffé-
» rents. Tout malade que j'étais, cette cacophonie me fit du
» bien et ne dut pas déplaire au bon DIEU. »

Si les caisses à surprises, venues de la Lorraine d'Europe,
mettaient la colonie en liesse, celle qui, en face des plus pressantes nécessités, restait vide, sans diminuer l'invincible confiance du fondateur, ne laissait pas de lui causer grand embar-
ras... « La banqueroute, dont la mission est menacée, ne me
» terrifie pas outre mesure, écrit-il ; saint Paul et saint Fran-
» çois Xavier l'ont connue : les heures désespérées sont les
» heures de DIEU. Si je n'avais que les occupations spirituelles,
» tout irait bien ; mais ce misérable temporel, qui se mêle de
» tout, et sans lequel nous ne pouvons avancer...!!! J'ai 14
» églises en construction sans avoir reçu un sou de la Mission,
» sans pouvoir diriger les travaux ; la saison des pluies appro-

» che, tout va tomber... Ce sera à recommencer. Dans ma
» détresse, je viens de faire appel à quiconque sait placer une
» brique ou raboter un chevron, parmi mes chrétiens ; je les ai
» envoyés par escouades aux quatre coins du district. Avec
» des centaines d'ouvriers improvisés, j'espère bien qu'avant
» huit jours nos constructions seront couvertes... Et notre
» grande église qui n'a toujours ni portes, ni fenêtres, ni carre-
» lage !!! Aussi quelle joie pour nous tous en recevant votre
» lettre qui nous annonce les vitraux, l'autel, le tabernacle !
» Tôt ou tard, il faudra bien aussi à ce nouveau temple du
» Sacré-Cœur un clocher.... et une cloche... Avisez nos amis...! »

Ils sont, Dieu merci, toujours encourageants, nos bons
enfants Betsiléos, toujours prêts à payer de leurs personnes
aux heures difficiles, ingénieux même à ménager des surprises
à leur Père. L'une de celles-ci, acte de foi et de dévouement,
mérite d'être citée.

Après trois semaines passées en examens et inspections de
milliers d'élèves, éparpillés en cent villages d'accès difficile, en
chevauchées de nuit et de jour, le Père, harassé, rentrait à
Ambohimahasoa, avec l'espoir de trois jours de repos avant la
Toussaint. Il avait compté sans l'obstination de ses catéchumènes « lorrains ». Avertis que, faute d'instruction suffisante,
ils ne pourraient être baptisés qu'à Noël, mais désireux de
l'être pour la fête de la Toussaint, dès le départ du Père ils
s'étaient adressés au maître d'école pour le prier de les ins·
truire. « Volontiers, leur dit celui-ci, mais il faudra étudier nuit
et jour. — Eh bien ! reprirent-ils, nuit et jour nous étudie-
rons. » Et ainsi avait été fait.

Dès le retour du Père, tout fiers, 200 d'entre eux se présen-
tèrent pour demander le baptême, et donner la preuve de leur
suffisant savoir. Soixante seulement furent éliminés et remis à
plus tard. Tout aussitôt on se mit en retraite.

Après de tels actes, est-elle étonnante la parole souvent
répétée du Père : « Ah ! si vous saviez comme on s'attache à
ces nègres » ? Mais, par contre, est-il surprenant l'attachement

de ces braves cœurs qui se sentent si aimés et se voient l'objet
d'un dévouement sans calcul et sans bornes? Pour eux, à court
de ressources, leur bon pasteur se fait fermier. « Ah ! la belle
» basse-cour ! écrit-il aux amis de la Lorraine. Comme vous
» admireriez les huit pensionnaires de mon Théophile, tous
» habillés de soie et de la confrérie des cent kilos... et mes
» quatre bœufs à l'engrais, et les poules, dindons, canards...!
» Tout cela nous fera bien, bon an mal an, 200 francs de pro-
» fit... Après l'éleveur, le cultivateur avec des hectares disper-
» sés dans ce district grand comme votre Lorraine. On me
» volera bien la moitié de la récolte, mais il en restera pour
» empêcher de mourir de faim nos 200 maîtres d'école, les
» employés, les malades... et le cheval et la mule. C'est presque
» du commerce, mais ne faut-il pas tirer parti de tout pour
» nourrir tant de monde ? Songez que, pour les maîtres d'école
» seuls, il faudrait 427 fr. 50 par mois ; et plusieurs cependant
» ne reçoivent que 2 fr. 50 pour leur entretien, avec femmes et
» enfants ! Aussi qu'il me tarde de recevoir la nouvelle caisse
» annoncée ! La somme reçue déjà nous est une planche de
» salut ; nous avons pu acheter du riz, qu'il faudrait payer le
» double un peu plus tard ; et avec cela j'espère pouvoir join-
» dre les deux bouts, soit pour les œuvres, soit pour les cons-
» tructions de l'année. Tous les autres Pères n'en sont pas là.
» Certains vont être obligés, faute de ressources, d'abandonner
» ou même de céder à l'ennemi une partie de leurs postes.
» Mes chrétiens d'Ambohimahasoa, résolus de créer autour
» du Sacré-Cœur lorrain et de Notre-Dame des satellites dignes
» d'eux, et de remplacer les misérables cabanes par des sanctuai-
» res convenables, encouragés par vos dons, ont fait un appel
» à tout le district. Il faudra peut-être dix ans pour réaliser nos
» plans et nos vœux, mais nous les aurons, les cent sanctuaires
» gravitant autour de celui du Sacré-Cœur d'Ambohimahasoa.
» Voyez, chers amis, ce que votre généreuse participation
» apporte ici d'espérance aux cœurs et de courage aux volontés !
» En effet, quelle providence pour le missionnaire que ces

» lettres venues de France et de Lorraine ! Elle m'arrive au
» premier vendredi du mois de Marie, cette bonne dernière
» missive ; c'est Marie et le Sacré-Cœur qui me l'apportent.
» Après 120 confessions, 80 communions, messe, sermon,
» mariages, procès, je rentre dans mon logis, et j'y trouve ce
» bienfaisant message. Accablé par l'excès de besogne, par les
» luttes avec l'ennemi, par le souci de notre misère en face de
» nouvelles et pressantes nécessités, la belle cérémonie de nos
» premiers vendredis ne m'avait pas remis sur mes gonds...
» C'est fait... votre lettre m'a remonté... Saprelotte, moi qui ai
» fait si gaiement mon vœu de pauvreté, je n'aurais jamais
» pensé que je deviendrais grippe-sou en mission, et que
» l'annonce d'une caisse à surprises et de quelques louis d'or
» ferait bondir mon cœur à ce point ! Que tous nos bienfai-
» teurs sachent bien que leurs aumônes sauvent la mission
» d'une ruine inévitable. Et cependant je préfère, et je réclame
» encore plus instamment l'aumône de leurs prières, qui nous
» rendront invincibles contre le syndicat de Madagascar, plus
» acharné que celui de France. »

L'ennemi, en effet, redoublait de rage et multipliait ses
efforts pour enrayer l'expansion des Œuvres catholiques. Aux
ennemis anciens, — protestants anglais, — devenus plus arro-
gants depuis Fachoda, il joignait la bande des protestants
français, des francs-maçons et des laïques... car il en parut une
laïque — les non-baptisés — pour faire l'école ; mais, ô déri-
sion de la Providence ! le palais scolaire, qu'elle étrennait,
s'effondra le lendemain de son arrivée, et un autre laïque, venu
après elle, mourut aussitôt installé, après avoir été soigné par
le Père seul durant son agonie, et avoir reçu la grâce du
baptême « in extremis ».

En compensation, 150 maîtres d'école sortaient de leur
retraite annuelle en silence absolu, comme les Apôtres sortirent
du cénacle, armés pour le combat, prêts à tous les dévouements.
Il la fallait à tous, cette force divine ; les nuages s'amoncelaient
à l'horizon, la ruine pécuniaire de la Mission et de ses œuvres

semblant le moins sombre. « Le nom de Jésuites que nous
» portons, écrivait alors le pasteur inquiet, n'est pas fait pour
» attirer les bonnes grâces de certaines gens sur notre Mission.
» Pendant les 50 ans de persécutions, les deux guerres et la
» révolte, on nous permettait de mourir côte à côte avec les
» colons et les soldats français. Mais maintenant que nous
» sommes en paix,... c'est à nous qu'on déclare la guerre. Ce
» ne sont ni le général, ni les autorités locales qui donnent
» cette direction, ils voient de leurs yeux combien le mission-
» naire sert la France. Les ordres viennent d'ailleurs : la franc-
» maçonnerie veut nous expulser de Madagascar. Humaine-
» ment, elle est en force de le faire ; mais si DIEU est avec
» nous, qui sera contre nous ? Aussi nous marchons notre
» chemin comme si l'orage ne menaçait pas. Nous ne serions
» pas dignes de notre nom si, de loin en loin, nous n'étions
» assaillis par la persécution... Autant vaudrait un matelot
» sans tempêtes... Priez donc et faites prier. Il faut que DIEU
» soit avec nous, sinon c'en est fait de Madagascar. »

Ils redoublaient eux-mêmes de ferveur, ceux qui imploraient
ainsi celle de leurs amis. Nous en avons une preuve dans l'éclat
donné, au mois de juin suivant — 1899, — à la solennité de la
fête patronale du Sacré-Cœur, si souvent, on l'a remarqué,
troublée par les menées du mauvais esprit. Cette fête avait été
désignée pour la consécration solennelle au divin Cœur, pres-
crite par le Souverain Pontife à toutes les chrétientés de l'uni-
vers. Ambohimahasoa devait se distinguer entre toutes. Dès
le matin, après la messe, le Père fit la consécration pour tout
le district. Chaque inspecteur ou maître d'école passa ensuite
devant le Saint Sacrement exposé pour la faire avec son poste.
A partir de midi s'y succédèrent les familles, ayant pour la
plupart, comme interprète, un petit garçon ou une petite fille,
— la personne de la famille sachant le mieux lire. — Le gouverneur et les officiers passèrent à leur tour, avec leur famille
et leur entourage. Et enfin, au salut, l'inspecteur général Désiré,
de sa voix vibrante, consacra la ville d'Ambohimahasoa au

divin Cœur. Belle journée pour attirer les bénédictions de DIEU ainsi sollicitées !

N'était-elle pas une bénédiction et un miracle, la vigueur indomptable du dévoué apôtre, si souvent accablé et jamais vaincu ? Miracle d'avoir échappé aux multiples dangers de la campagne héroïque du retour, mais miracle aussi le support, sans faiblir, d'un labeur de jour et de nuit, d'une existence livrée à tous, sans trêve ni répit, durant plusieurs années, alors que, débilité par de fréquentes reprises des fièvres meurtrières du pays, il portait seul le poids et la responsabilité du ministère religieux et des soucis matériels.

Un jour vint cependant où, après un long silence qui avait mis en émoi ses correspondants de Lorraine, il dut convenir que la maladie « avait cassé sa plume ». Quelque temps après, il s'avoue « fatigué, vieilli avant l'âge, incapable de suffire à sa tâche. » Il annonce l'arrivée d'un auxiliaire, le Père A***, de 15 ans plus jeune que lui, mais guère plus solide... secours précieux néanmoins pour la visite des postes, et l'administration des sacrements. Et il ajoute : « Remerciez la divine Providence » et le Sacré-Cœur de cette grâce signalée. Maintenant je suis » à peu près sûr de ne pas mourir avant d'avoir compté » 10.000 chrétiens dans notre district. Ils sont 8.000 actuelle-» ment : nous comptons bien mettre au monde cette année » chacun un millier de nos catéchumènes qui se préparent » depuis quatre ans. Je suis impotent, il est vrai, mais j'espère » que DIEU me prêtera vie jusqu'à ce que le Sacré-Cœur règne » sur tout notre district.

» Avec les dons nouveaux de nos bienfaiteurs, j'ai lancé » quelques églises : Notre-Dame du Sacré-Cœur de Mme L***, » Sainte-Hélène de C***; celles de Simone sont commencées; » celles de l'Enfant-JÉSUS, de Notre-Dame du Perpétuel » Secours, et de la bonne et dévouée Catherine suivront, grâce « aux petits bleus » venus de Lorraine et de France.

» Je le dis à ma honte, ces images de la République, prix » d'une de nos petites chapelles, ont le don de porter la con-

» solation dans ma bourse, sinon dans mon cœur. Pourquoi le
» bon Dieu a-t-il voulu qu'il faille ajouter ce papier ou cette
» poussière d'or au sang de Jésus et aux sueurs du mission-
» naire pour convertir les âmes ? Oserai-je dire même que
» c'est aux prières d'abord, mais aussi aux aumônes de
» Lorraine, que mon district doit sa prospérité, malgré la
» caducité du missionnaire ? »

Cette « caducité » néanmoins n'enchaîne pas son zèle.
Comme le bon Pasteur qui donne sa vie pour ses brebis, jusqu'à
son dernier souffle il s'immolera pour son troupeau. Quand la
maladie le condamne à la réclusion ou le retient sur sa couche,
ses prières et ses souffrances, substituées au travail, appuient
l'activité de l'auxiliaire, dont la présence calme ses sollicitudes.
Celui-ci d'ailleurs possède toutes les qualités de l'apôtre. « Sa
» piété édifie et il travaille comme quatre, nous dit le Père lui-
» même. Aux jours où le ministère est plus surchargé, comme
» il le fut durant cette Semaine Sainte de 1900, tenu au con-
» fessionnal jusqu'au milieu de la nuit, il commençait son bré-
» viaire à 11 heures du soir, et à 4 heures du matin il se
» retrouvait à son poste. Le matin du jour des Rameaux, il
» avait 2.000 chrétiens sur les rangs de la procession, et, le
» soir, il faisait simultanément l'ouverture d'une retraite de bap-
» tême, d'une autre de première Communion, et d'une mission
» pour les chrétiens qui devaient faire leurs Pâques. Le Jeudi
» Saint, il prêchait la Passion pendant deux heures, ne s'arrêtant
» que lorsque la voix lui manqua. La nuit le retrouva au pied
» du Saint Sacrement, en adoration avec les plus fervents. »

Tant furent nombreux les chrétiens se préparant à la réception des sacrements pour Pâques, qu'après plusieurs centaines
de confessions, le Père A*** dut en ajourner 200. Ce jour de
Pâques, notre Père « lorrain », soutenu par la grâce de Dieu,
fit effort pour se lever, et put chanter la grand' messe, exécutée
en musique ainsi que le salut de l'après-midi. Quatre Français
y chantèrent des morceaux de choix. On étrennait, ce même
jour, les vitraux reçus de Lorraine et 6 colonnes de la voûte,

six seulement sur 18, en attendant les ressources pour les autres.

Ainsi secondé pour le service extérieur du ministère, notre missionnaire va consacrer ce qui lui reste de forces à la réalisation de son plan d'extension du royaume du CHRIST dans son district, et à l'installation que lui demandait l'autorité civile d'une école professionnelle. Cette installation devint pour le pauvre malade une source de préoccupations nouvelles et une lourde charge. Le résident et le gouverneur accordaient à Ambohimahasoa les honneurs d'écoles de première catégorie, comme à Tananarive, mais à condition que la Mission construirait les ateliers, et ajouterait 1.000 francs aux 1.000 qu'ils promettaient. Pour trouver cette somme, on se vouait à tous les saints du Ciel ; on s'adressait à tous les protecteurs de la terre. En attendant, les maçons, charpentiers, menuisiers, forgerons, ferblantiers, fondeurs, cordonniers, tailleurs, etc... les tisseuses, dentellières, chapelières, etc... sont logés dans des taudis. Estimant que le travail est aussi une prière, les Pères leur livrent même l'église.

Toujours se confiant à ses amis lorrains, le Père leur écrit : « Je ne vous donnerai de répit que lorsque nous aurons fondé » ensemble une Lorraine malgache avec ses 100 clochers. Tant » que nous n'en serons pas là, chère zélatrice, ajoute-t-il en » s'adressant à l'intermédiaire ordinaire de la correspondance, » il vous est défendu de mourir et à moi aussi. Ah ! s'il m'était » donné de traverser les flots pour nous rejoindre, de porte en » porte, de magasin en magasin, nous irions, besaces sur le » dos, mendier ce qui nous manque pour nos chapelles et pour » notre école professionnelle. Songez que 10.000 chrétiens » seront au complet cette année 1900, et que, lors de votre » première lettre, pierre fondamentale de notre édifice aposto- » lique, nous n'en avions que 100 !... » En dix ans, 10.000 baptêmes, 10.000 âmes régénérées, marquées du signe du salut ! Devant ce chiffre, arrêtons-nous pour glorifier l'Auteur de toute grâce, et le remercier des bénédictions accordées au labeur de son vaillant serviteur.

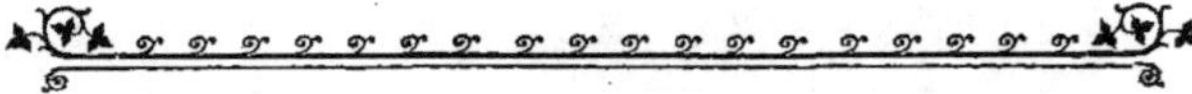

QUATRIÈME PARTIE

SITUATION ACTUELLE DE LA MISSION, SES BESOINS

UN résumé des résultats de cette période de 10 années et l'exposé de l'état actuel de la Mission trouveraient ici leur place, pour exciter la reconnaissance des bienfaiteurs envers DIEU et pour encourager leur zèle.

L'église centrale, dont nous connaissons l'origine, devenue mère, a enfanté autour d'elle d'abord 8 petits postes ; à la guerre de 1895, il y en avait 20, et aujourd'hui on en compte 80 !

L'état actuel de la Mission comporte :

        1 Missionnaire, avec un Père adjoint provisoiremeut.
       80 Postes.
      150 Maîtres d'école.
    6.588 Elèves garçons.
    6.511 Elèves filles.
    8.500 Catholiques baptisés.
    1.526 Catéchumènes.
    1.181 Baptêmes dans l'année.
    2.800 Communions.
       67 Mariages.

Comment, sur quels fonds tout cela s'est-il organisé, a-t-il vécu et peut-il vivre encore ? Sur ceux de la Providence et de la Lorraine assurément. Et nous osons, confiants, compter sur ce même secours pour soutenir, sinon pour compléter l'Œuvre. Comment, en effet, arriver à fonder les églises encore à édifier si la Lorraine ne vient pas au secours de sa pupille, de sa colonie ? « Je leur offre pour filleuls, dit le Père, non plus un petit sauvage, mais tout un village à ceux qui voudront bien se charger d'une de ces fondations. »

Voici du reste le prospectus de la *Société de colonisation chrétienne* proposée par le Père, et basée sur la prière et l'aumône :

1º Membres.	Un sou par semaine et un *Ave Maria* par jour.
2º Membres fondateurs. (1ᵉʳ degré)	200 francs pour construire une église.
3º Membres fondateurs. (2ᵐᵉ degré)	200 francs pour construire une église et en outre 5 à 8 francs par mois pour l'entretien du maître d'école.
4º Membres fondateurs. (à perpétuité)	Un capital de 2.000 francs, dont les intérêts serviront à entretenir le poste pour toujours.

Récompenses pour chacune de ces fondations :

1º Une église construite sous le vocable choisi par le donateur.

2º Une école à perpétuité.

3º Environ 150 à 200 élèves.

4º Tout un village de païens conduits insensiblement à la foi et au salut éternel

5º Jusqu'à la fin du monde, et durant toute l'éternité, les générations successives de ce village béniront leur bienfaiteur et seront sa couronne au Ciel.

Faisons remarquer ici que ces chapelles de 200 francs ne sont pas à considérer comme une case fragile destinée à tomber au premier coup de vent et à disparaître. Ces sanctuaires, tout modestes soient-ils, représentent plutôt l'église morale, le

centre chrétien, appui, sauvegarde de la Mission, garantie de
persévérance des chrétiens, qui s'y réunissent pour prier et
recevoir l'instruction. Ils ne possèdent pas de tabernacle avec
la présence permanente de l'Eucharistie, qu'on ne pourrait laisser à la garde de ces néophytes, mais ils ont un autel pour la
célébration du Saint-Sacrifice, et des exercices religieux quand
le Père visite le poste. Leurs autels peuvent être ornés de croix,
de chandeliers, statues, tapis, nappes, au gré de la générosité
de leurs fondateurs et bienfaiteurs.

Allons, généreux Lorrains, il reste encore 60 postes à doter
de sanctuaires. Ne trouverez-vous pas 60 fois 200 francs pour
bâtir une église, et 5 francs par mois pour son maître d'école ?
Choisissez vous-mêmes votre patron pour cette église, et, en
trois mois, vous aurez votre poste fondé qui, en ce pays fertile,
vous rapportera cent pour un au ciel.

L'érection du clocher de votre grand hangar, l'établissement
de l'école professionnelle, l'achat d'une rizière, ou une fondation
pour chaque poste, soit 5 francs par mois (60 francs par an
pour chaque maître d'école), sont autant de mains tendues
aussi à votre inépuisable charité.

Catholiques de la double Lorraine d'Europe, en travaillant à
la glorification de votre Sacré-Cœur malgache, et au triomphe
de la Religion sur cette nouvelle terre française, dites-vous
que vous faites également œuvre de patriotisme ; montrez
qu'enfants dévoués de la mère-patrie, à laquelle plusieurs d'entre vous ont été arrachés, vous avez à cœur de contribuer à sa
prospérité et à sa grandeur. En soutenant le missionnaire, en
lui permettant de porter bien haut la bannière du CHRIST, et,
armé de la croix de son Sauveur, de pénétrer — le premier très
souvent — dans des terres où tout est dangers, souffrances,
vous ouvrez en effet le chemin à la civilisation, vous enrôlez
sous le drapeau de la patrie ces milliers de sauvages auxquels
le vaillant Apôtre apprend à aimer la France.

Explorateur, il l'est certes aussi, ce soldat du CHRIST ; ses
armes sont sa foi, son énergie, son inébranlable confiance en

DIEU, son désir de conquérir des âmes. Champion de la patrie et de la foi chrétienne, il s'est donné une double mission : se consacrer à la gloire de DIEU et à celle de la France, par le dévouement à l'Œuvre de colonisation, par l'esprit français et par la religion.

Quels puissants et patriotiques encouragements n'a-t-il pas recueillis, notre Père « lorrain », à l'heure où le vaillant commandant déchira son drapeau, et lui en remit une précieuse moitié ! Quelle plus belle consécration de l'union nécessaire du missionnaire et du soldat pour les Œuvres de colonisation ! Ce drapeau abrite maintenant 20.000 chrétiens dans le district seul d'Ambohimahasoa, et pas une goutte de sang n'a été versée !

A l'œuvre donc, chère Lorraine, faites grandir votre sœur malgache, elle vous tend les bras. Catholiques et Français, prêtez main forte à son missionnaire contre les ennemis conjurés pour détruire la foi chrétienne et l'honneur de la France. Peu importent les délais : le Sacré-Cœur est éternel et la Lorraine ne meurt pas !

Qu'en toute cette Lorraine malgache retentisse ce cri vainqueur :

VIVE LE CHRIST ! VIVE LA FRANCE !

Adresser les dons en nature ou en argent :

Soit, en Lorraine, à Mademoiselle M. MALYE, à Bitche ;

Soit, en France, à Madame veuve DUPONT, à Raddon (Hᵗᵉ-Saône) ;

    Id.   à Monsieur l'abbé LEURENT, à Reims, rue des Chapelains, 6.